Frank Michael von Berger

# Taschenatlas

# Zwiebel- und Knollenpflanzen

196 Zwiebel- und Knollenpflanzen

# Vorwort

Es gibt wohl kaum eine Gruppe aus dem Reich der Pflanzen, die eine größere Vielfalt und Farbenpracht bietet als die Zwiebel- und Knollenpflanzen. Nach einem langen, grauen Winter legen sie einen Blitzstart hin – die in den Speicherorganen eingelagerten Nährstoffe machen dieses Wunder möglich. Weil die meisten Zwiebel- und Knollenpflanzen robust, pflegeleicht und noch dazu preiswert sind, eignen sie sich gut für Anfänger und für alle Gartenfreunde, die wenig Zeit und Geld für ihr grünes Hobby haben. Schon mit ein paar Händen voll Blumenzwiebeln können Sie Ihren Garten in ein kleines Blumenparadies verwandeln!

Bei der Zusammenstellung der Arten und Sorten im Porträtteil wurden neben gebräuchlichen und beliebten Zwiebel- und Knollenpflanzen auch einige botanische Schätze und noch wenig bekannte Vertreter dieser Pflanzengruppe berücksichtigt.

Beschrieben sind vor allem frostharte Arten, die den Winter in unseren Breiten problemlos überstehen. Einige Arten benötigen jedoch in rauen Lagen einen Winterschutz und manche, wie etwa Ritterstern oder Knollenbegonien, vertragen überhaupt keine Minusgrade. Sind Arten nicht frosthart, ist dies im jeweiligen Porträt vermerkt.

Die Pflanzen im Porträtteil sind alphabetisch (nach wissenschaftlichen Bezeichnungen) geordnet. Daneben sind die gebräuchlichen deutschen Namen sowie die Familienzugehörigkeit und die wichtigsten Merkmale genannt.

Frank Michael von Berger

# Inhaltsverzeichnis



Pflanzenbeschreibungen mit Standortansprüchen sowie Verwendungs- und Vermehrungshinweisen, Angaben zu Blüten und Blättern, außerdem Empfehlungen besonders attraktiver Sorten.

# Zwiebel- und Knollenpflanzen im Blütengarten

Nicht nur im Frühling ergänzen Zwiebel- und Knollenpflanzen die Beete. Geschickt ausgewählt und gekonnt mit Stauden und Gehölzen kombiniert, bereichern sie den Garten das ganze Jahr über.

## Gekonnt gestalten

Zwiebelblumen gehören nicht nur in den Frühlingsgarten. Es gibt wunderschöne Zwiebel- und Knollenpflanzen für die ganze Saison, vom zeitigen Frühjahr bis weit in den Herbst hinein. Die vielen verschiedenen Arten mit ihrer schier unerschöpflichen Auswahl an Sorten bieten ein breites Spektrum wunderschöner Gartenblumen für die Gestaltung.

### Farbenfrohe Kombinationen

Aufgrund ihrer Vielfalt eignen sich Zwiebel- und Knollenpflanzen hervorragend für die Kombination mit anderen Gartenpflanzen. In Frühlingsbeeten können Sie mit Narzissen, Tulpen und Hyazinthen herrliche Farbeffekte erzielen, wenn Sie diese mit früh blühenden Einjährigen, etwa Hornveilchen (*Viola cornuta*), Vergissmeinnicht (*Myosotis*), Goldlack (*Erysimum*) und Bunter Wolfsmilch (*Euphobia*), oder Stauden, wie Gedenkemein (*Omphalodes*), Kaukasus-Vergissmeinnicht (*Brunnera*), sowie Polsterpflanzen kombinieren, wie Blaukissen (*Aubrieta*), Teppichphlox (*Phlox subulata*) und Schleifenblume (*Iberis*). Nach dem Verblühen der Zwiebelpflanzen machen diese Platz für die Sommerbepflanzung mit bunten Einjährigen und im Sommer blühenden Zwiebel- und Knollenpflanzen, etwa Lilien, Blumenrohr und Gladiolen. Vom Hochsommer bis weit in den Herbst hinein trumpfen die farbenfrohen Dahlien mit ihrer Blütenpracht auf, bis die ersten Nachtfröste die Saison der Zwiebel- und Knollenpflanzen beenden.

*Tulpen in Kombination mit Hornveilchen.*

## Zwiebeln und Knollen im Staudenbeet

Gerade in Staudenbeeten lassen sich mit Zwiebel- und Knollenpflanzen raffinierte Farbakzente setzen. Größere Arten können gestalterisch wie andere Stauden eingesetzt werden. Im Frühjahr bilden Kaiserkronen (*Fritillaria*), Tulpen und frühe Zierlauch-Arten (*Allium*) einen Blickfang und überbrücken die Zeit, bis die anderen Stauden blühen. Im Sommer blühende Zwiebel- und Knollenpflanzen wie Gladiolen, Lilien und Montbretien (*Crocosmia*) sollten möglichst gleichberechtigte Partner im Staudenbeet sein. Verwenden Sie die prächtigsten Exemplare in diesem Zusammenhang aber eher sparsam und lieber in kleinen Tuffs als in großen Gruppen – ganz nach der Devise „weniger ist mehr“. Dies hat außerdem den Vorteil, dass keine großen Lücken im Beet entstehen, wenn die Zwiebelpflanzen verblüht sind und ihr Laub einziehen.

*Verschiedene Narzissen mit Wolfsmilch.*

Die unbestrittenen Stars unter den Zwiebelpflanzen, die hohen Lilien-Arten und -Sorten, wirken am schönsten zusammen mit hohen Rittersporn-Sorten (*Delphinium*) sowie gleichzeitig blühenden Strauch- und Kletterrosen (hier empfehlen sich öfter blühende Rosen-Sorten). Denken Sie aber bei allen Kombinationen von Zwiebel- und Knollenpflanzen mit Stauden und Rosen daran, dass andere, gleich hohe Pflanzen in der Blütezeit Konkurrenten sind. Viele Zwiebel- und Knollenpflanzen mögen es nicht, wenn sie zu sehr von ihren Nachbarn bedrängt werden. Wenn die Zwiebelpflanzen im Frühsommer einziehen, kann das Laub später austreibender Stauden jedoch helfen, die welkenden Zwiebelblätter zu kaschieren.

## Zwiebeln und Knollen im Steingarten

Für kleine botanische Schätze, wie Alpenveilchen (*Cyclamen*), Traubenhyazinthen (*Muscari*), Hundszahn (*Erythronium*) und Herbst-Zeitlose (*Colchicum*), ist der Steingarten die richtige Bühne. Hier kommen sie richtig zur Geltung und Sie können deren Bedürfnisse optimal erfüllen. Setzen Sie sie am besten in kleinen Tuffs zwischen andere Steingartenpflanzen. So entsteht ein natürlicher Eindruck und es bleiben keine großen Lücken, wenn die Zwiebelpflanzen in ihre Ruhephase eintreten.

## Wilde Schönheiten

Viele kleine Zwiebelpflanzen haben die Eigenschaft, sich an geeigneten Standorten durch Samen oder Brutzwiebeln reichlich zu vermehren. Je näher die Sorten der Wildart sind, desto erfolgreicher gelingt die Selbstvermehrung. Besonders zuverlässig vermehren sich an zusagenden Standorten etwa Blaustern (*Scilla*), Schneeglöckchen (*Galanthus*), Winterlinge (*Eranthis*), Hasenglöckchen (*Hyacinthoides*) und Dalmatiner Krokus (*Crocus dalmaticus*). Diesen Umstand können Sie gestalterisch ausnutzen und die kleinen Blütenschönheiten einfach gewähren lassen. So entstehen mit den Jahren hübsche Teppiche unter Gehölzgruppen, am Rand von Beeten, im Vordergrund von Rabatten und manchmal sogar im Rasen. Damit eine Pflanzung in Rasenflächen möglichst unprätentiös aussieht, gibt es einen Trick: Werfen Sie eine Hand voll Zwiebeln vor dem Einpflanzen etwa in Kniehöhe aus und pflanzen Sie sie dort ein, wo sie hingefallen sind. So entsteht der Eindruck einer zufälligen, natürlichen Anordnung. Wenn Zwiebelblumen in Rasenflächen verwildern, sollten Sie jedoch daran denken, den Rasen erst dann zu mähen, wenn die Blätter der Zwiebelpflanzen welken. Ansonsten verringern sich die Bestände der wilden Schönen zusehends oder verschwinden gänzlich.

*Herbst-Zeitlose im Rasen.*

## Zwiebeln und Knollen in Töpfen

Viele Zwiebel- und Knollenpflanzen eignen sich hervorragend für die Kultur in Töpfen, Schalen und Kübeln. Sie können hierbei den Pflanzen genau die Bedingungen bieten, die sie zum Gedeihen brauchen, etwa kalkempfindlichen Lilien-Arten ein leicht saures Substrat aus Rhododendronerde.

Außerdem lassen sich viele Zwiebelpflanzen bereits im Spätwinter in Töpfen im Haus antreiben, um die Blüte zu verfrühen. Sobald die Temperaturen es zulassen, können Töpfe mit verfrühten Narzissen, Tulpen oder Hyazinthen im Garten oder auf Balkon und Terrasse aufgestellt werden.

Und noch ein Grund spricht für die Kultur von Zwiebel- und Knollenpflanzen in Pflanzgefäßen: Töpfe und Kübel sind mobil und können überall dort als Lückenfüller eingesetzt werden, wo spontan etwas Farbe und üppige Blü-

Stellen Sie uns auf die Probe.
Jetzt testen!
ULMERS PFLANZENMAGAZIN
Ulmer
Garten PRAXIS
Ulmer

tenpracht gebraucht wird – etwa, wenn in der Staudenrabatte eine Pflanze pausiert oder Opfer von Schneckenfraß geworden ist. Wenn sie verblüht sind und das Laub noch nicht eingezogen wurde, sind Zwiebelpflanzen oftmals wenig attraktiv. In Töpfen gezogene Exemplare können Sie in einer abgelegenen Ecke des Gartens „parken", bis das Laub vollständig eingezogen ist.

Für viele nicht sicher winterharte Zwiebel- und Knollenpflanzen ist die Kultur in Pflanzgefäßen eine Art Lebensversicherung. Pflanzen Sie Arten wie Schopflilien (*Eucomis*), Nerine, Knoblauchs-Kaplilie (*Tulbaghia violacea*) und Kalla (*Zantedeschia aethiopica*) in Töpfe, die Sie im Sommer im Garten eingraben. So können Sie die empfindlichen Schönheiten rechtzeitig vor den ersten strengen Frösten ausgraben und bis zum folgenden Frühjahr frostfrei unterstellen.

### Zufriedene Zwiebelpflanzen im Topf

Besonders wichtig bei der Kultur von Zwiebel- und Knollenpflanzen in Töpfen ist, dass alle Pflanzgefäße ein ausreichend großes Abzugsloch für überschüssiges Wasser und gut durchlässiges Substrat haben.

*Zwiebelpflanzen machen auch in Töpfen eine gute Figur.*

## Kaufen, pflanzen, pflegen

Zwiebel- und Knollenpflanzen sind im botanischen Sinn eigentlich Stauden, da sie in ihrer Heimat mehrjährig wachsen und krautig sind, also nicht verholzen. Viele Arten stammen aus Regionen, in denen die Winter kühl und feucht sind, die Sommer dagegen heiß und trocken. Klimabedingungen, wie sie etwa in den mediterranen Regionen Europas, Nordafrikas und im Nahen Osten herrschen, aber auch in Kalifornien, Südafrika und Teilen Zentralasiens. Wenn man sich die Herkunft dieser Pflanzen vergegenwärtigt, dann liegt es auf der Hand, dass sie eine etwas andere Behandlung brauchen als „normale" Stauden.

*Schachbrettblume (Fritillaria meleagris).*

### Gute Dränage

Nahezu alle Zwiebel- und Knollenpflanzen reagieren empfindlich auf Staunässe. Ausnahmen sind etwa Sumpf-Schwertlilien und Kalla, die nur in feuchtem Boden gedeihen. Bei den meisten anderen ist ein durchlässiger, leicht sandiger Lehmboden mit guter Dränage, bei dennoch ausreichender Versorgung mit Feuchtigkeit in der Vegetationszeit, ideal für ein gesundes Gedeihen. Bei schweren, wenig durchlässigen Böden kann die Dränagewirkung durch Einarbeiten von Sand und feinem Splitt verbessert werden. Eine gute Vorbeugung gegen stauende Nässe ist auch eine Schicht aus Feinkies im Pflanzloch. Insbesondere bei Steppenkerzen hat es sich bewährt, die Knollen auf einen kleinen Splitthügel am Grund des Pflanzlochs zu setzen.

### Winterhärte

In unseren Breiten sind viele, aber nicht alle in diesem Taschenatlas vorgestellten Zwiebel- und Knollenpflanzen winterhart. Die Knollen bzw. Rhizome beispielsweise von Dahlien, Gladiolen, Blumenrohr und Knollenbegonien müssen im Herbst ausgegraben werden, damit sie nicht erfrieren. Überwintern Sie sie trocken und frostfrei im Dunklen und pflanzen Sie sie im folgenden Frühjahr wieder ein. Damit die gelagerten Zwiebeln und Knollen nicht austrocknen, können Sie sie in leicht feuchtem Sand, Torf oder Erde in Kistchen lagern. Sie sollten die verschiedenen Sorten stets beschriften, denn einer Dahlien- oder Gladiolenknolle sieht man nicht an, in welcher Farbe sie später blühen wird!

Besonders empfindliche Arten wie Mormonentulpe (*Calochortus*), Ritterstern (umgangssprachlich auch als Amaryllis bezeichnet) und Kalla pflanzen Sie am besten in Töpfe, die Sie im Winter frostfrei aufstellen. Mäßig frostharte Arten wie Montbretien (*Crocosmia*), Nerine und Schopflilien (*Eucomis*) können in milden Regionen im Freiland überwintern, wenn sie einen Winterschutz in Form einer Mulchdecke erhalten. In rauen Regionen können Sie diese Arten auch gleich in Töpfe pflanzen, die Sie im Sommerhalbjahr im Garten eingraben, zum Beginn des Winters ausgraben und frostfrei überwintern.

### Sonnenkinder und Schattenexistenzen

Die einzelnen Arten sind unterschiedlich lichthungrig. Manche wachsen gut unter Gehölzen und im Schatten. So gedeihen Alpenveilchen (*Cyclamen*), Hasenglöckchen (*Hyacinthoides*), Türkenbund-Lilie (*Lilium martagon*) und Dreizipfellilien (*Trillium*) gut im Halbschatten. Andere Arten brauchen dagegen viel Sonne, um üppig zu blühen. Gladiolen, Montbretien (*Crocosmia*) und Zierlauch (*Allium*) mögen es am liebsten so richtig sonnig.

Viele Zwiebelpflanzen sind klassische Frühjahrsblüher, die sich darauf eingestellt haben, dass die Laubbäume erst im April oder Mai ihr Schatten spendendes Blätterdach entwickeln. Zu einer Zeit also, wenn die Frühjahrsblüher bereits ihre Hauptvegetationszeit hinter sich haben. Sie können daher an Standorte gepflanzt werden, die im Frühjahr sonnig, den Rest des Sommers aber vom Laub der Gehölze beschattet sind.

*Berg-Anemone und weiße Traubenhyazinthen.*

## Augen auf beim Zwiebelkauf!

Blumenzwiebeln und -knollen werden meist entsprechend ihrer Pflanzzeit im Handel angeboten. So finden Sie Tulpen, Narzissen und frühjahrsblühende Krokus-Arten im Herbst, Dahlien, Knollenbegonien und Gladiolen im Frühjahr. Gartencenter haben eine Vielzahl gängiger Arten und Sorten im Sortiment. Hände weg von Ramschware aus dem Sonderangebot: Diese Zwiebeln sind oft selbst das wenige Geld, das sie kosten, nicht wert! Ausgefallene Wünsche befriedigt der gut sortierte Fachhandel.

### Achten Sie auf Qualität

Zwiebeln und Knollen müssen eine feste Konsistenz aufweisen und dürfen auf keinen Fall weich, gummiartig oder gar matschig sein. Auch Ware mit äußeren Verletzungen und weichen, feuchten oder gar schimmeligen Stellen sollten Sie nicht kaufen.

Wenn Sie Zwiebeln und Knollen über den Versandhandel beziehen, lohnt es sich, bei einem namhaften Händler zu bestellen. Hier können Sie davon ausgehen, dass die Ware in bestmöglicher Qualität geliefert wird. Zwiebeln, die keine feste Außenhaut haben, etwa Lilien und Fritillarien, müssen beim Transport vor dem Austrocknen geschützt werden. Die Händler bieten solche Arten meist in perforierten Plastiksäckchen mit feuchten Sägespänen an. Pflanzen Sie solche Arten möglichst sofort nach dem Kauf!

## Wie viele Pflanzen braucht man?

Bei den Porträts finden Sie jeweils auch die Angabe, wie viele Pflanzen pro Quadratmeter nötig sind, damit ein schöner Eindruck entsteht. Diese Angaben sind Erfahrungswerte, aber nicht verbindlich. Manche Menschen mögen es, wenn ein Beet richtig üppig bepflanzt wird, andere finden es schöner, mit wenigen Pflanzen Akzente zu setzen oder besonders prächtige Arten in Einzelstellung optimal zur Geltung zu bringen. Bei vielen kleinen Zwiebelpflanzen wie Krokussen und Schneeglöckchen mag die hohe Stückzahl pro Quadratmeter verwundern. Dazu muss aber angemerkt werden, dass diese Arten in der Praxis meist nur in kleinen Tuffs und nicht flächendeckend verwendet werden.

*Tulpenzwiebeln bester Qualität.*

## Zwiebeln und Knollen richtig gepflanzt

Für optimale Startbedingungen sorgen nicht nur der richtige Standort und die richtige Pflanzzeit, sondern auch die artgerechte Pflanztiefe der Zwiebeln und Knollen. Die Pflanztiefe hängt sowohl vom Boden als auch von den Ansprüchen der Pflanzen ab. Als Faustregel gilt: Je dicker die Zwiebel oder Knolle ist, umso tiefer muss sie gepflanzt werden. Ausnahmen bilden etwa Bart-Iris (*Iris barbata*), deren fleischige Rhizome so flach gesetzt werden, dass sie etwas aus dem Erdboden herausschauen. Bei Madonnen-Lilien genügt es, wenn die Zwiebeln nur drei Zentimeter hoch mit Erde bedeckt sind.

Achten Sie beim Einpflanzen generell darauf, dass die Zwiebelspitze nach oben und der Zwiebelboden oder die Wurzelansätze nach unten weisen. Die Pflanztiefe sollte zwei- bis dreimal so tief sein wie die Zwiebel dick ist, und der Abstand sollte mindestens zwei bis drei Zwiebelbreiten betragen. Bei besonders schweren Böden können Sie die Zwiebeln etwas weniger tief eingraben. Das macht ihnen das Emporstreben etwas einfacher. In sehr leichten Böden können Sie die Zwiebeln und Knollen auch etwas tiefer einpflanzen. Die Pflanzen bekommen dadurch einen festeren Stand und vertrocknen in Dürreperioden nicht so schnell. Wenn Sie die Angaben zur Pflanztiefe, zum Pflanzzeitpunkt und zum Standort bei den jeweiligen Porträts berücksichtigen, werden die Pflanzen es Ihnen mit reicher Blüte und einem langen Leben danken!

**Im Porträtteil verwendete Symbole**

 Pflanzzeit. Wann sollen Zwiebeln/Knollen gepflanzt werden?

 Pflanztiefe. Wie tief sollen die Zwiebeln/Knollen gesetzt werden?

 Geselligkeit. Wie viele Zwiebeln/Knollen pro m² sind für ein schönes Bild nötig?

*Zwiebeln werden meist in Tuffs gepflanzt.*

# Zwiebel- und Knollenpflanzen von A bis Z

Durch ihre große Arten- und Sortenvielfalt bieten Zwiebel- und Knollenpflanzen für jeden Geschmack eine reiche Auswahl.

 IX–X 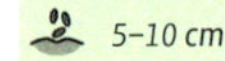 5–10 cm  12/m²

## Allium aflatunense

*Iran-Lauch*
*Alliaceae, Lauchgewächse*

**Heimat:** Zentralasien.
**Wuchsform:** Aufrecht, horstbildend.
**Blatt:** Riemenförmig, mittelgrün, grundständig, 30–60 cm lang.
**Blüte:** Kugelige, bis 10 cm breite Dolden mit zahlreichen sternförmigen, purpurrosafarbenen Einzelblüten. IX–V.
**Fruchtstand:** Kapselfrüchte.
**Wuchs-/Blütenhöhe:** 80–100 cm.
**Standort:** Sonnig, gut durchlässiger Boden.
**Verwendung:** Staudenbeete, gemischte Rabatten und Steppenpflanzungen. Gute Schnittblume.
**Vermehrung:** Aussaat im Frühjahr oder Tochterzwiebeln im Herbst abnehmen.
**Sorte:** 'Purple Sensation' ist besonders großblumig und blüht tiefviolett.
**Hinweis:** Das Laub vergilbt während der Blüte.

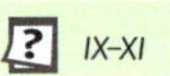 IX–XI  7 cm 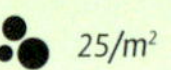 25/m²

## Allium caeruleum

*Blau-Lauch, Sibirischer Enzian-Lauch*
*Alliaceae, Lauchgewächse*

**Heimat:** Zentralasien bis Sibirien.
**Wuchsform:** Aufrecht, horstbildend.
**Blatt:** Riemenförmig, grundständig, mittel- bis graugrün, bis 7 cm lang.
**Blüte:** Kugelige, 4 cm breite Dolden mit 30–50 glockigen, himmelblauen Einzelblüten. VI–VII.
**Fruchtstand:** Zusammengesetzte Dolde mit Kapselfrüchten.
**Wuchs-/Blütenhöhe:** 40–60 cm.
**Standort:** Sonnig, gut durchlässiger, mäßig fruchtbarer Boden.
**Verwendung:** Steingärten, Staudenbeete und Steppenpflanzungen. Gute Schnittblume.
**Vermehrung:** Aussaat im Frühjahr oder Teilen des Horstes im Herbst.
**Sorte:** Im Handel ist nur die eigentliche Art.
**Hinweis:** Zum Verwildern geeignet. Das Laub vergilbt bereits vor der Blüte.

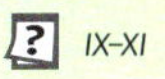 IX–XI  7 cm  5/m² 

# Allium carinatum subsp. pulchellum

*Gekielter Lauch*
*Alliaceae, Lauchgewächse*

**Heimat:** Mittel- und Südeuropa, Türkei.
**Wuchsform:** Aufrecht, horstbildend. Zieht nach der Blüte ein.
**Blatt:** Riemenförmig, grundständig, mittelgrün, bis 20 cm lang.
**Blüte:** Satt purpurrosafarbene, lockere, hängende Trauben mit bis zu 30 glockigen Einzelblüten. VII–VIII.
**Fruchtstand:** Kapselfrüchte.
**Wuchs-/Blütenhöhe:** 30–45 cm.
**Standort:** Sonnig in gut durchlässigem Boden.
**Verwendung:** Steingärten, Trockenrasen und Staudenbeete. Verträgt keine Konkurrenz.
**Vermehrung:** Aussaat nach der Samenreife oder Teilen im Herbst.
**Sorte:** 'Album' blüht weiß.
**Hinweis:** Heil- und Gewürzpflanze.

 IX–XI  7 cm 13/m²

# Allium cernuum

*Nickender Lauch*
*Alliaceae, Lauchgewächse*

**Heimat:** Nordamerika.
**Wuchsform:** Aufrecht, horstbildend.
**Blatt:** Schmal riemenförmig, grundständig, dunkelgrün, bis 20 cm lang, wintergrün.
**Blüte:** Hängende, bis 6 cm breite Dolden mit 25–40 glockigen, mittel- bis dunkelrosafarbenen Einzelblüten. VI–VII.
**Fruchtstand:** Kapselfrüchte.
**Wuchs-/Blütenhöhe:** 30–50 cm.
**Standort:** Sonnig, gut durchlässiger, nährstoffarmer Boden.
**Verwendung:** Steingärten und Steppenpflanzungen.
**Vermehrung:** Aussaat nach der Samenreife oder Teilen im Frühjahr.
**Sorte:** 'Hidcote' ist höher, robuster und hat größere Blüten als die Art.
**Hinweis:** Zieht vor der Blüte ein.

 IX–XI 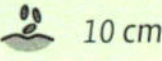 10 cm  6/m²

## Allium christophii

*Sternkugel-Lauch*
*Alliaceae, Lauchgewächse*

**Heimat:** Türkei, Iran, Turkmenistan.
**Wuchsform:** Aufrecht, horstbildend.
**Blatt:** Riemenförmig, grundständig, graugrün, 15–45 cm lang.
**Blüte:** Große, bis 25 cm breite Dolden mit bis zu 50 sternförmigen, rosapurpurnen, metallisch glänzenden Einzelblüten. VI–VII.
**Fruchtstand:** Kapselfrüchte.
**Wuchs-/Blütenhöhe:** 50 cm.
**Standort:** Sonnig, gut durchlässiger, nährstoffreicher Boden.
**Verwendung:** Staudenrabatten, Steingärten und Steppenbeete.
**Vermehrung:** Aussaat im Frühjahr oder Abnehmen von Tochterzwiebeln im Herbst.
**Sorte:** Auch unter den Namen *A. albopilosum* oder *Allium* 'Star of Persia' im Handel.
**Hinweis:** Blätter sterben vor der Blüte ab.

IX–XI 7 cm 35/m²

## Allium flavum

*Gelber Lauch*
*Alliaceae, Lauchgewächse*

**Heimat:** Österreich, Südosteuropa, Westasien.
**Wuchsform:** Aufrecht, horstbildend.
**Blatt:** Schmal riemenförmig, blaugrün, grundständig, bis 20 cm lang.
**Blüte:** Lockere, bis 6 cm breite Dolden mit bis zu 60 glockigen, leuchtend gelben, nickenden Einzelblüten mit auffälligen Staubblättern. VI–VIII.
**Fruchtstand:** Kapselfrüchte.
**Wuchs-/Blütenhöhe:** 30 cm.
**Standort:** Vollsonnig in gut durchlässigem, eher trockenem, magerem Boden.
**Verwendung:** Steingärten, extensive Dachbegrünung.
**Vermehrung:** Aussaat im Frühjahr oder Herbst.
**Sorte:** *A. f.* var. *minus* wird nur 10 cm hoch.
**Hinweis:** Vermehrt sich an zusagenden Standorten bereitwillig durch Selbstaussaat.

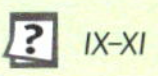 IX–XI 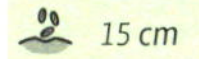 15 cm 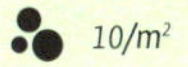 10/m²

## Allium giganteum

*Riesen-Lauch*
*Alliaceae, Lauchgewächse*

**Heimat:** Vorder- und Mittelasien.
**Wuchsform:** Aufrecht, horstbildend. Zieht während der Blüte ein.
**Blatt:** Riemenförmig, grundständig, graugrün, bis 30 cm lang.
**Blüte:** Bis 12 cm breite, kugelige Dolden mit 50 oder mehr rosavioletten, sternförmigen Einzelblüten. VI–VII.
**Fruchtstand:** Kapselfrüchte.
**Wuchs-/Blütenhöhe:** 150–170 cm.
**Standort:** Vollsonnig, gut durchlässiger, nährstoffreicher Boden.
**Verwendung:** Für den Hintergrund von Beeten und Rabatten. Gute Schnittblume.
**Vermehrung:** Aussaat nach Samenreife.
**Sorte:** 'Album' blüht weiß.
**Hinweis:** An den Blüten entwickeln sich vereinzelt Brutknospen.

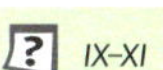 IX–XI  10 cm  11/m²

## Allium karataviense

*Blauzungen-Lauch*
*Alliaceae, Lauchgewächse*

**Heimat:** Zentralasien.
**Wuchsform:** Aufrecht, horstbildend.
**Blatt:** 2 Blätter, bis 6 cm breit, riemenförmig, grundständig, blaugrün, mit feinem rötlichem Saum, 25 cm lang.
**Blüte:** Bis 12 cm breite, kugelige Dolden mit 50 oder mehr sternförmigen, silbrig rosa schimmernden Einzelblüten. V–VI.
**Fruchtstand:** Kapselfrüchte.
**Wuchs-/Blütenhöhe:** 20–25 cm.
**Standort:** Sonnig, gut durchlässiger Boden.
**Verwendung:** Stein- und Kiesgärten, im Vordergrund von Staudenbeeten, Topfkultur.
**Vermehrung:** Aussaat im Frühjahr oder Abnehmen von Tochterzwiebeln im Herbst.
**Sorte:** 'Ivory Queen' mit weißen Blüten.
**Hinweis:** Blätter bleiben bis zum Herbst ansehnlich.

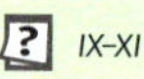 IX–XI  7 cm 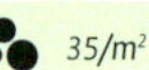 35/m²

## Allium moly

*Gold-Lauch*
*Alliaceae, Lauchgewächse*

**Heimat:** Südwest- und Südeuropa.
**Wuchsform:** Aufrecht bis überhängend, horstbildend.
**Blatt:** Breit riemenförmig, grundständig, mattblaugrün, 20–30 cm lang.
**Blüte:** Bis 5 cm breite Dolden mit 30 sternförmigen, goldgelben Einzelblüten. V–VI.
**Fruchtstand:** Kapselfrüchte.
**Wuchs-/Blütenhöhe:** 35 cm.
**Standort:** Sonnig, gut durchlässiger, nährstoffarmer Boden.
**Verwendung:** Steingärten, extensive Dachbegrünung.
**Vermehrung:** Aussaat nach Samenreife, Teilen im Herbst.
**Sorte:** 'Jeannine' entwickelt zwei Blütenschäfte pro Zwiebel, die Einzelblüten sind relativ groß.
**Hinweis:** Vermehrt sich durch Selbstaussaat.

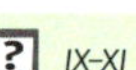 IX–XI  5–7 cm  35/m²

## Allium neapolitanum

*Neapel-Lauch*
*Alliaceae, Lauchgewächse*

**Heimat:** Südeuropa, Madeira, Kanarische Inseln, Nordafrika.
**Wuchsform:** Aufrecht, horstbildend. Zieht bereits vor der Blüte ein.
**Blatt:** Schmal riemenförmig, grundständig, mittelgrün, bis 35 cm lang.
**Blüte:** Etwa 5 cm breite Dolden mit bis zu 30 sternförmigen, weißen Einzelblüten. IV–VI.
**Fruchtstand:** Zusammengesetzte Dolde, Kapselfrüchte.
**Wuchs-/Blütenhöhe:** 40–50 cm.
**Standort:** Sonnig, gut durchlässiger Boden.
**Verwendung:** Steingärten und sonnige, trockene Beete. Gute Schnittblume.
**Vermehrung:** Aussaat im Frühjahr unter Glas oder Teilen der Horste im Herbst.
**Sorte:** Im Handel ist nur die eigentliche Art.
**Hinweis:** Winterschutz empfehlenswert.

 IX–XI 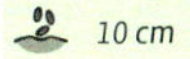 

10 cm

7/m²

## Allium nigrum

*Schwarzer Lauch*
*Alliaceae, Lauchgewächse*

**Heimat:** Mittelmeergebiet.
**Wuchsform:** Aufrecht bis leicht überhängend, horstbildend.
**Blatt:** Breit riemenförmig, grundständig, graugrün, bis 50 cm lang.
**Blüte:** Kompakte, flachrunde Dolden mit bis zu 35 becherförmigen, weißen Einzelblüten mit grünen Fruchtknoten. V–VI.
**Fruchtstand:** Kapselfrüchte.
**Wuchs-/Blütenhöhe:** 60–80 cm.
**Standort:** Sonnig, gut durchlässiger Boden.
**Verwendung:** Staudenbeete und im Vordergrund von gemischten Rabatten. Gute Schnittblume.
**Vermehrung:** Aussaat im Frühjahr oder Abnehmen von Tochterzwiebeln im Herbst.
**Sorte:** Auch unter dem Namen *A. multibulbosum* im Handel.
**Hinweis:** Winterschutz empfehlenswert.

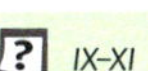 IX–XI  7 cm  35/m²

## Allium oreophilum

*Rosen-Zwerglauch*
*Alliaceae, Lauchgewächse*

**Heimat:** Türkei, Kaukasus und Zentralasien.
**Wuchsform:** Aufrecht, horstbildend.
**Blatt:** Riemenförmig, grundständig, graugrün, bis 15 cm lang.
**Blüte:** 4 cm breite, lockere Dolden mit bis zu 15 glockigen, karmesinroten Einzelblüten. VI–VII.
**Fruchtstand:** Kapselfrüchte.
**Wuchs-/Blütenhöhe:** 5–15 cm.
**Standort:** Sonnig bis halbschattig, gut durchlässiger Boden.
**Verwendung:** Massenblüher für Steingärten, Steppenbeete und Staudenbeete.
**Vermehrung:** Aussaat im Frühjahr oder Abnehmen von Tochterzwiebeln im Herbst.
**Sorte:** 'Zwanenburg' mit stärker leuchtenden, karmesinroten Blüten, 'Agalik Giant' wird deutlich größer als die Art und blüht magentafarben.
**Hinweis:** Vermehrt sich durch Selbstaussaat.

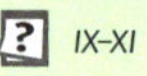 IX–XI 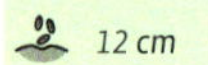 12 cm  6/m²

## Allium rosenbachianum

*Paukenschläger-Lauch*
*Alliaceae, Lauchgewächse*

**Heimat:** Zentralasien, Afghanistan, Pakistan.
**Wuchsform:** Aufrecht, horstbildend.
**Blatt:** Breit riemenförmig, grundständig, mittelgrün, graugrün bereift, 30–60 cm lang.
**Blüte:** Etwa 10 cm breite, kugelige Dolde mit 50 oder mehr sternförmigen, tiefpurpurnen Einzelblüten mit violetten Staubbeuteln. V–VI.
**Fruchtstand:** Kapselfrüchte.
**Wuchs-/Blütenhöhe:** 100 cm.
**Standort:** Sonnig, gut durchlässiger, nährstoffreicher Boden.
**Verwendung:** Staudenbeete und gemischte Rabatten. Gute Schnittblume.
**Vermehrung:** Aussaat im Frühjahr oder Abnehmen von Tochterzwiebeln im Herbst.
**Sorte:** 'Album' mit großen, weißen Blüten.
**Hinweis:** Das Laub bleibt in der Regel bis nach der Blüte ansehnlich.

 IX–XI 7 cm  35/m²

## Allium roseum

*Rosen- Lauch*
*Alliaceae, Lauchgewächse*

**Heimat:** Südeuropa, Türkei, Nordafrika, Kanarische Inseln.
**Wuchsform:** Aufrecht, horstbildend.
**Blatt:** Schmal riemenförmig, grundständig, mittelgrün, 12–25 cm lang.
**Blüte:** Lockere, etwa 7 cm breite Dolden mit bis zu 30 glocken- bis becherförmigen, zartrosafarbenen bis weißen Einzelblüten. IV–VI.
**Fruchtstand:** Kapselfrüchte.
**Wuchs-/Blütenhöhe:** 20–80 cm.
**Standort:** Sonnig, gut durchlässiger, trockener bis frischer Boden.
**Verwendung:** Steingärten, Steppenpflanzungen.
**Vermehrung:** Aussaat im Frühjahr, Pflanzen von Brutknospen im Sommer oder Teilen im Herbst.
**Sorte:** Im Handel ist nur die eigentliche Art.
**Hinweis:** Die Pflanze bildet viele Brutknospen und kann invasiv werden.

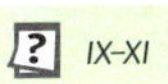 IX–XI  5 cm 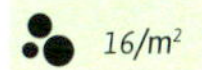 16/m²

## Allium schoenoprasum

*Schnittlauch*
*Alliaceae, Lauchgewächse*

**Heimat:** Europa, Asien, Nordamerika.
**Wuchsform:** Aufrecht, horstbildend.
**Blatt:** Schmal röhrenförmig, dunkelgrün, bis 35 cm lang.
**Blüte:** Kugelige, etwa 2,5 cm breite, kompakte Dolden mit 30–50 glockigen, violetten oder weißen Einzelblüten. V-VI.
**Fruchtstand:** Kapselfrüchte.
**Wuchs-/Blütenhöhe:** 20–35 cm.
**Standort:** Sonnig bis halbschattig, nährstoffreicher, feuchter Boden.
**Verwendung:** Steingärten, Beeteinfassungen und Gewürzpflanze.
**Vermehrung:** Aussaat im Frühjahr oder im Herbst (Lichtkeimer), Teilen im Herbst.
**Sorte:** 'Elbe' mit reinweißen Blüten, 'Forescate' blüht burgunderrot, besonders starkwüchsig.
**Hinweis:** Essbare Blüten und Blätter.

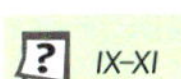 IX–XI  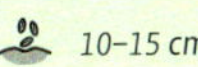 10–15 cm  7/m²

## Allium schubertii

*Igelkolben-Lauch*
*Alliaceae, Lauchgewächse*

**Heimat:** Östliches Mittelmeergebiet bis Zentralasien.
**Wuchsform:** Aufrecht bis überhängend, horstbildend. Zieht vor der Blüte ein.
**Blatt:** Breit riemenförmig, grundständig, leuchtend grün, 20–40 cm lang.
**Blüte:** 30 cm breite, luftig kugelige Dolden mit bis zu 50 sternförmigen, blass purpurnen Einzelblüten. VI.
**Fruchtstand:** Kapselfrüchte.
**Wuchs-/Blütenhöhe:** 40–50 cm.
**Standort:** Sonnig in durchlässigem Boden.
**Verwendung:** Staudenbeete, Rabatten, Steppenpflanzungen. Gute Schnittblume.
**Vermehrung:** Aussaat im Frühjahr oder Teilen im Herbst.
**Sorte:** Im Handel ist nur die eigentliche Art.
**Hinweis:** Winterschutz empfehlenswert.

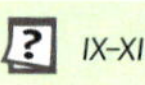 IX–XI 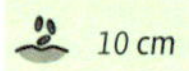 10 cm 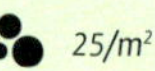 25/m²

## Allium sphaerocephalon

*Kugel-Lauch*
*Alliaceae, Lauchgewächse*

**Heimat:** Europa, Nordafrika, Westasien.
**Wuchsform:** Aufrecht, horstbildend.
**Blatt:** Riemenförmig, grundständig, mittelgrün, bis 35 cm lang.
**Blüte:** Kegelförmige, 3–5 cm breite Dolden mit bis zu 40 glockigen Blüten, Farbe variiert von Rosa bis dunkel Rotbraun. VI–VII.
**Fruchtstand:** Kapselfrüchte.
**Wuchs-/Blütenhöhe:** 70–100 cm.
**Standort:** Sonnig, gut durchlässiger, trockener Boden.
**Verwendung:** Steingärten, Staudenbeete, Wildstaudenpflanzungen. Gute Schnittblume.
**Vermehrung:** Aussaat im Frühjahr, Pflanzen von Brutknospen im Sommer oder Teilen im Herbst.
**Sorte:** Im Handel ist nur die eigentliche Art.
**Hinweis:** Einheimische Wildstaude. Bildet oft Brutknospen aus.

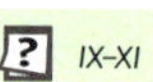 IX–XI  7 cm  35/m²

## Allium unifolium

*Einblättriger Lauch*
*Alliaceae, Lauchgewächse*

**Heimat:** Westliche USA (Nordkalifornien und Oregon).
**Wuchsform:** Aufrecht, horstbildend.
**Blatt:** Schmal riemenförmig, grundständig, graugrün, 15–20 cm lang.
**Blüte:** 6 cm breite, flachkugelige Dolden mit bis zu 20 großen, offen glockigen, hell purpurrosafarbenen Einzelblüten. V–VI.
**Fruchtstand:** Kapselfrüchte.
**Wuchs-/Blütenhöhe:** 30–40 cm.
**Standort:** Sonnig, gut durchlässiger Boden.
**Verwendung:** Kies- und Steingärten und Rabatten. Gute Schnittblume.
**Vermehrung:** Aussaat im Frühjahr oder Teilen im Herbst.
**Sorte:** Auch unter den Synonymen *A. grandisceptum* und *A. murrayanum* im Handel.
**Hinweis:** Das Laub welkt bereits vor der Blüte.

 IX–XI  5 cm  25/m²

## Allium ursinum

*Bärlauch*
*Alliaceae, Lauchgewächse*

**Heimat:** Europa, Kleinasien, Kaukasus.
**Wuchsform:** Aufrecht, horstbildend. Zieht nach der Blüte ein.
**Blatt:** Kurz gestielt, breit spatelförmig, glänzend mittelgrün, unterseits silbrig, 15–20 cm lang.
**Blüte:** Etwa 5 cm breite Dolden mit bis zu 20 weißen, sternförmigen Einzelblüten. IV–V.
**Fruchtstand:** Kapselfrüchte.
**Wuchs-/Blütenhöhe:** 20–30 cm.
**Standort:** Halbschattig, durchlässiger, frischer bis feuchter, nährstoffreicher Boden.
**Verwendung:** Bodendecker unter lichten Laubgehölzen. Beliebte Würzpflanze.
**Vermehrung:** Aussaat nach Samenreife im Freiland oder Teilen im Herbst.
**Sorte:** Im Handel ist nur die eigentliche Art.
**Hinweis:** An zusagenden Standorten wird die Art invasiv.

 IX–XI  5 cm  25/m²

## Anemone blanda

*Berg-Anemone, Balkan-Windröschen*
*Ranunculaceae, Hahnenfußgewächse*

**Heimat:** Südosteuropa, Kleinasien, Kaukasus.
**Wuchsform:** Horstartig, rasch Kolonien bildend, zieht nach der Blüte ein.
**Blatt:** Oval bis dreieckig, fingerartig gefiedert, mattgrün, 3–10 cm lang.
**Blüte:** Flache, 3–4 cm breite Strahlenblüten in Weiß, Rosa-, Blau- und Violetttönen. III–IV.
**Fruchtstand/Frucht:** Nüsschen.
**Wuchs-/Blütenhöhe:** 15 cm.
**Standort:** Sonnig bis halbschattig, kalkhaltiger, trockener bis frischer, humoser Boden.
**Verwendung:** Steingarten, Frühlingsgarten und in größeren Gruppen unter Gehölzen.
**Vermehrung:** Aussaat oder Teilen im Frühjahr.
**Sorte:** ‘Radar’ mit violetten Blüten mit weißer Mitte, ‘White Splendour’ blüht weiß.
**Hinweis:** Knollen vor dem Pflanzen einen Tag lang in Wasser quellen lassen.

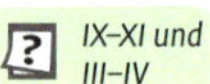 IX–XI und III–IV

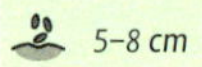 5–8 cm

 12/m²

## Anemone coronaria

*Garten-Anemone, Kronen-Anemone*
*Ranunculaceae, Hahnenfußgewächse*

**Heimat:** Mittelmeergebiet, Westasien.
**Wuchsform:** Aufrecht, locker, mit knorrigen Knollen.
**Blatt:** Wechselständig, gerundet bis oval, 3-fingrig, mittelgrün, 5–12 cm lang.
**Blüte:** Einzelne, gestielte, 3–8 cm breite Radblüten in Rot, Blau oder Weiß. V–VI.
**Frucht:** Nüsschen.
**Wuchs-/Blütenhöhe:** 30 cm.
**Standort:** Sonnig bis halbschattig, humoser, frischer, durchlässiger Boden.
**Verwendung:** Rabatten. Gute Schnittbume.
**Vermehrung:** Aussaat oder Teilen im Frühjahr.
**Sorte:** 'De Caen'-Gruppe mit ungefüllten, 'St. Brigid'-Gruppe mit gefüllten Blüten.
**Hinweis:** Die Knollen vor dem Pflanzen einen Tag lang in Wasser quellen lassen. Winterschutz erforderlich.

IX–XI

5 cm

25/m²

## Anemone nemorosa

*Busch-Windröschen*
*Ranunculaceae, Hahnenfußgewächse*

**Heimat:** Europa bis Asien.
**Wuchsform:** Buschig mit stabförmigen Rhizomen. Zieht nach der Blüte ein.
**Blatt:** Lang gestielt, gerundet, 3-fingrig, mittelgrün, 5–12 cm lang.
**Blüte:** Schalenförmig, weiß, oft rosa überhaucht, 2–3 cm breit. III–V.
**Frucht:** Nüsschen.
**Wuchs-/Blütenhöhe:** 15 cm.
**Standort:** Halbschattig, humoser Boden.
**Verwendung:** In Gruppen unter Gehölzen.
**Vermehrung:** Aussaat nach Samenreife oder Teilen der Rhizome im Sommer.
**Sorte:** 'Albe Plena' mit gefüllten Blüten in Weiß, 'Blue Bonnet' blüht tiefblau, 'Robionsoniana' blüht blass lavendelblau.
**Hinweis:** Bei ungestörtem Stand bilden sich rasch große Kolonien.

 IX–XI  5 cm  25/m²

# Anemone ranunculoides

*Gewöhnliches Gelbes Windröschen*
*Ranunculaceae, Hahnenfußgewächse*

**Heimat:** Europa.
**Wuchsform:** Buschig mit gelben Rhizomen.
**Blatt:** Gerundet, tief 3-lappig geteilt, mittelgrün, 8–15 cm lang.
**Blüte:** Schalenförmig, tiefgelb, 2–3 cm breit. III–V.
**Frucht:** Nüsschen.
**Wuchs-/Blütenhöhe:** 5–10 cm.
**Standort:** Halbschattig, frischer, humoser, kalkreicher Boden.
**Verwendung:** In Gruppen unter Gehölzen.
**Vermehrung:** Aussaat nach Samenreife oder Teilen der Rhizome im Sommer.
**Sorte:** 'Pleniflora' mit gefüllten Blüten.
**Hinweis:** Bei gemeinsamem Auftreten von *Anemone ranunculoides* mit *A. nemorosa* entstehen blassgelb blühende Hybriden, die *Anemone* × *lipsiensis* (Syn. *A.* × *seemenii*) genannt werden.

 IX–XI und III–IV 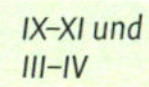 10–15 cm 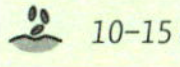 6/m²

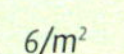

# Arum italicum

*Italienischer Aronstab*
*Araceae, Aronstabgewächse*

**Heimat:** Europa, Türkei, Nordafrika.
**Wuchsform:** Aufrecht, horstbildend.
**Blatt:** Pfeil- bis speerförmig, mittelgrün, weiß geädert, bis 35 cm lang. IV–VI.
**Blüte:** Grünweißliche Spatha, 15–40 cm lang.
**Frucht:** Leuchtend orangerote Beeren.
**Wuchs-/Blütenhöhe:** 30 cm.
**Standort:** Sonnig bis halbschattig, humoser, durchlässiger Boden.
**Verwendung:** Strauchrabatten und Gehölzrand. Blattschmuckstaude.
**Vermehrung:** Aussaat im Herbst, Teilen nach der Blüte.
**Sorte:** 'Marmoratum' (Syn. 'Pictum') mit blassgrün oder weiß geäderten Blättern.
**Hinweis:** Der Pflanzensaft kann bei Kontakt Hautreizungen hervorrufen. Winterschutz empfehlenswert.

 III-V 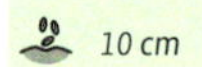 10 cm  6/m²

## Begonia × tuberhybrida

*Knollenbegonie*
*Begoniaceae, Begoniengewächse*

**Heimat:** Art aus Südamerika, Hybriden gärtnerischer Herkunft.
**Wuchsform:** Buschig aufrecht oder hängend. Nicht frosthart.
**Blatt:** Spitz eiförmig, bis 15 cm lang.
**Blüte:** In Büscheln, Einzelblüten 5–15 cm breit. Sorten häufig gefüllt, viele Farben. V–X.
**Frucht:** Kapsel.
**Wuchs-/Blütenhöhe:** 15–60 cm.
**Standort:** Halbschattig bis schattig, humoser, nicht zu trockenes Substrat.
**Verwendung:** Beete, Schalen, Balkonkästen.
**Vermehrung:** Aussaat ab Dezember unter Glas, grundständige Stecklinge im Frühsommer.
**Sorte:** 'Non-Stop'-Serie: gefüllte Blüten in Weiß, Gelb, Orange, Rosa und Rot, Wuchshöhe 30 cm.
**Hinweis:** Knollen im Herbst aufnehmen, bei 5–7 °C dunkel überwintern.

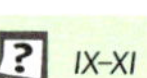 IX-XI  10 cm  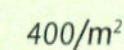 400/m²

## Bellevalia pycnantha

*Bellevalie*
*Hyacinthaceae, Hyazinthengewächse*

**Heimat:** Kaukasus, Osttürkei, Irak, Iran.
**Wuchsform:** Aufrecht, horstbildend.
**Blatt:** Riemenförmig, grundständig, graugrün, 15–45 cm lang.
**Blüte:** Kompakte Trauben mit kleinen schwarzblauen, bis 7 mm langen Einzelblüten.
**Frucht:** Dreieckige Kapsel.
**Wuchs-/Blütenhöhe:** 30 cm.
**Standort:** Sonnig, durchlässiger, im Frühjahr nicht zu trockener Boden.
**Verwendung:** In kleinen Tuffs im Steingarten oder am Rand sonniger Rabatten.
**Vermehrung:** Aussaat im Herbst, Tochterzwiebeln im Sommer abtrennen.
**Sorte:** Die Art ist auch unter dem Namen *Muscari paradoxum* im Handel.
**Hinweis:** Verwildert durch Brutzwiebeln und Selbstaussaat.

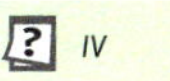 IV  5 cm 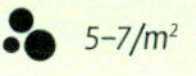 5–7/m²

## Bletilla striata

*Gestreifte Chinaorchidee*
*Orchidaceae, Orchideengewächse*

**Heimat:** China, Taiwan, Japan.
**Wuchsform:** Aufrecht bis überhängend, horstbildend.
**Blatt:** Schwertförmig, grundständig, mittelgrün, 30–45 cm lang.
**Blüte:** Trauben mit 8–12 magentaroten, 2,5 cm breiten, glockigen Einzelblüten. V–VI.
**Frucht:** Aufrechte Kapsel.
**Wuchs-/Blütenhöhe:** 30–60 cm.
**Standort:** Halbschattig, feuchter, aber durchlässiger, humoser, kalkfreier Boden.
**Verwendung:** In Gruppen am Gehölzrand.
**Vermehrung:** Teilen im zeitigen Frühjahr.
**Sorte**: *B. striata* var. *alba* mit weißen Blüten.
**Hinweis:** Winterschutz erforderlich. In rauen Lagen die Pseudobulben im Herbst aufnehmen, dunkel und frostfrei überwintern. Die Pflanze darf nie völlig austrocknen.

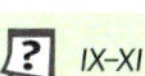 IX–XI  7 cm  400/m2

## Brimeura amethystiana

*Amethyst-Scheinhyazinthe*
*Hyacinthaceae, Hyazinthengewächse*

**Heimat:** Pyrenäen.
**Wuchsform:** Aufrecht bis überhängend, horstbildend.
**Blatt:** Schmal riemenförmig, rinnig, leuchtend grün, 10–30 cm lang.
**Blüte:** Lockere, schlanke Trauben mit 1 cm langen, röhrigen, blauen Glockenblüten. V–VI.
**Frucht:** Kapsel.
**Wuchs-/Blütenhöhe:** 10–20 cm.
**Standort:** Sonnig bis halbschattig, humoser, durchlässiger Boden.
**Verwendung:** In kleinen Tuffs im Steingarten und am Gehölzrand.
**Vermehrung:** Aussaat nach der Samenreife, Teilen im Sommer.
**Sorte:** *B. amethystiana* var. *alba* mit weißen Blüten.
**Hinweis:** Gut zum Verwildern geeignet.

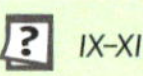 IX–XI 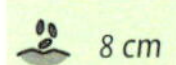 8 cm  $10/m^2$

## Bulbocodium vernum

*Frühlings-Lichtblume*
*Cochicaceae, Zeitlosengewächse*

**Heimat:** Pyrenäen, westliche Zentralalpen.
**Wuchsform:** Aufrecht bis überhängend, horstbildend.
**Blatt:** 2 Blätter. Schmal riemenförmig, grundständig, glänzend dunkelgrün, bis 15 cm lang.
**Blüte:** Breit trichterförmig, 4–8 cm breit, rosapurpurn. III–IV.
**Frucht:** Kapsel.
**Wuchs-/Blütenhöhe:** 8–10 cm.
**Standort:** Sonnig, gut durchlässiger Boden.
**Verwendung:** In kleinen Tuffs im Steingarten oder zum Verwildern in Rasenflächen.
**Vermehrung:** Aussaat im Herbst oder Frühjahr, Abnehmen von Tochterknollen im Sommer.
**Sorte:** Auch unter dem Namen *Colchicum vernum* im Handel.
**Hinweis:** Die Blätter erscheinen kurz vor oder mit den Blüten.

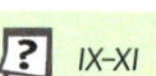 IX–XI 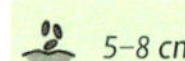 5–8 cm  $12/m^2$

## Camassia cusickii

*Cusicks Prärielilie*
*Hyacinthaceae, Hyazinthengewächse*

**Heimat:** Westliche USA (Oregon).
**Wuchsform:** Aufrecht, horstbildend.
**Blatt:** Schmal riemenförmig, grundständig, leuchtend grün, bis 80 cm lang.
**Blüte:** Lockere, 5 cm breite und bis 30 cm lange Trauben mit bis zu 100 flach becherförmigen, blass- bis tiefstahlblauen Einzelblüten. V–VI.
**Frucht:** Kapsel.
**Wuchs-/Blütenhöhe:** 80–100 cm.
**Standort:** Sonnig bis halbschattig, gut durchlässiger, humoser Boden.
**Verwendung:** Zum Verwildern in halbhohen, feuchten Wiesen und in Rabatten.
**Vermehrung:** Wie *Camassia cusickii.*
**Sorte:** 'Zwanenburg' mit besonders großen, tiefblauen Blüten.
**Hinweis:** Winterschutz empfehlenswert.

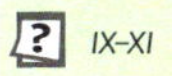 IX–XI  5–8 cm  12/m²

## Camassia leichtlinii

*Leichtlins Prärielilie*
*Hyacinthaceae, Hyazinthengewächse*

**Heimat:** Westliche USA (Oregon).
**Wuchsform:** Aufrecht, horstbildend.
**Blatt:** Schmal riemenförmig, grundständig, leuchtend grün, bis 60 cm lang.
**Blüte:** Lockere, 7 cm breite und 30 cm lange Trauben mit sternförmigen, 5–7 cm breiten, cremeweißen Einzelblüten. V–VI.
**Frucht:** Kapsel.
**Wuchs-/Blütenhöhe:** 70 cm.
**Standort:** Sonnig bis halbschattig, feuchter, aber gut durchlässiger, humoser Boden.
**Verwendung:** Zum Verwildern in halbhohen, feuchten Wiesen und in Rabatten.
**Vermehrung:** wie *Camassia cusickii*.
**Sorte:** 'Semiplena' mit bis 50 cm langen Trauben mit halbgefüllten, sterilen, cremeweißen Einzelblüten. 'Sacajawea' mit panaschiertem Laub.
**Hinweis:** Winterschutz empfehlenswert.

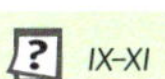 IX–XI  5–8 cm  12/m²

## Camassia quamash

*Essbare Prärielilie*
*Hyacinthaceae, Hyazinthengewächse*

**Heimat:** Kanada, USA.
**Wuchsform:** Aufrecht, horstbildend.
**Blatt:** Schmal riemenförmig, grundständig, blaugrün, 20–60 cm lang.
**Blüte:** Lockere, bis 30 cm lange Trauben mit bis zu 100 flach becherförmigen, leuchtend blauen, bis 5 cm breiten Einzelblüten. V–VI.
**Frucht:** Kapsel.
**Wuchs-/Blütenhöhe:** 50–80 cm.
**Standort:** Sonnig bis halbschattig, feuchter, aber gut durchlässiger, humoser Boden.
**Verwendung:** Zum Verwildern in halbhohen, feuchten Wiesen und in Rabatten.
**Vermehrung:** Aussaat im Frühjahr oder Teilen im Sommer.
**Sorte:** 'Blue Melody' mit weiß gerändertem Laub wird nur 35 cm hoch und blüht dunkelblau.
**Hinweis:** Winterschutz empfehlenswert.

 III–V 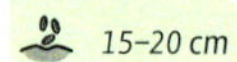 15–20 cm  3/m²

## Canna indica

*Westindisches Blumenrohr*
*Cannaceae, Blumenrohrgewächse*

**Heimat:** Art aus dem tropischen und subtropischen Amerika, Kultivare gärterischer Herkunft.
**Wuchsform:** Aufrecht mit kurzen, dicken Rhizomen. Nicht frosthart.
**Blatt:** Paddelförmig, stängelumfassend, 30–60 cm lang, mittelgrün, auch rotbraun.
**Blüte:** Rispen mit kräftig gefärbten, asymmetrischen Einzelblüten. Zahlreiche Sorten (Kulitivare) in Gelb-, Orange- und Rottönen.
**Frucht:** Kapsel.
**Wuchs-/Blütenhöhe:** 50–200 cm.
**Standort:** Vollsonnig, vor Wind geschützt in nährstoffreichem, feuchtem Substrat.
**Verwendung:** Sommerblumenbeete und Kübel.
**Vermehrung:** Teilen im Frühjahr.
**Sorte:** 'Wyoming' mit purpurbraunem Laub und orangefarbenen Blüten, Wuchshöhe 180 cm.
**Hinweis:** Rhizome frostfrei überwintern.

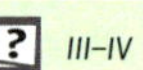 III–IV 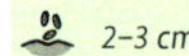 2–3 cm 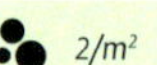 2/m²

## Cardiocrinum giganteum

*Gewöhnliche Himalaja-Riesenlilie*
*Liliaceae, Liliengewächse*

**Heimat:** Osthimalaja.
**Wuchsform:** Blütenspross straff aufrecht, Blätter rosettenförmig angeordnet.
**Blatt:** Breit ei- bis herzförmig, lang gestielt, dunkelgrün, bis 30 cm lang.
**Blüte:** Trauben mit bis zu 15 waagerecht stehenden, cremeweißen, bis 20 cm langen Trichterblüten mit purpurnem Schlund, duftend. VII–VIII.
**Frucht:** Aufrechte Kapsel.
**Wuchs-/Blütenhöhe:** 150–250 cm.
**Standort:** Halbschattig, feuchter, aber durchlässiger, nährstoffreicher, humoser Boden.
**Verwendung:** Am Gehölzrand und in Rabatten.
**Vermehrung:** Aussaat nach der Samenreife, Abnehmen von Tochterzwiebeln nach der Blüte.
**Sorte:** *C. giganteum* var. *yunnanense* mit purpurnen Trieben und grün getönten Blüten.
**Hinweis:** Guter Winterschutz erforderlich.

 IX–XI  5–7 cm  400/m²

## Chionodoxa forbesii

*Blauer Schneeglanz*
*Hyacinthaceae, Hyazinthengewächse*

**Heimat:** Westtürkei.
**Wuchsform:** Aufrecht, horstbildend.
**Blatt:** Riemenförmig, grundständig, abgespreizt, mittelgrün, 7–30 cm lang.
**Blüte:** Trauben aus 8–10 sternförmigen, nickenden, blauen, 1–2 cm breiten Blüten mit weißer Mitte. III–IV.
**Frucht:** Kapsel.
**Wuchs-/Blütenhöhe:** 20 cm.
**Standort:** Sonnig, gut durchlässiger Boden.
**Verwendung:** In kleinen Tuffs im Steingarten, für Tröge und zum Verwildern unter Laubgehölzen.
**Vermehrung:** Aussaat nach der Samenreife, Teilen im Sommer.
**Sorte:** 'Pink Giant' mit sterilen, rosafarbenen Blüten und 'Blue Giant' mit blauen Blüten, jeweils mit weißer Mitte, bis 25 cm hoch.
**Hinweis:** Zieht nach der Blüte ein.

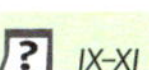 IX–XI  5–7 cm  400/m²

## Chionodoxa luciliae

*Großer Schneeglanz, Schneestolz*
*Hyacinthaceae, Hyazinthengewächse*

**Heimat:** Westtürkei.
**Wuchsform:** Aufrecht bis überhängend, horstbildend. Zieht nach der Blüte ein.
**Blatt:** Riemenförmig, grundständig, zurückgeschlagen, mittelgrün, 7–20 cm lang.
**Blüte:** Trauben aus bis zu 3 sternförmigen, blauen, 1–2 cm breiten Blüten mit weißer Mitte. III–IV.
**Frucht:** Kapsel.
**Wuchs-/Blütenhöhe:** 15 cm.
**Standort:** Sonnig, gut durchlässiger, sandig lehmiger Boden.
**Verwendung:** In kleinen Tuffs im Steingarten, für Tröge und zum Verwildern unter Laubgehölzen.
**Vermehrung:** Aussaat nach der Samenreife, Teilen im Sommer.
**Sorte:** *C. luciliae* var. *alba* mit weißen Blüten.
**Hinweis:** Ausbreitung durch Selbstaussaat.

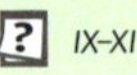 IX–XI 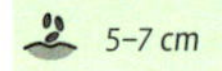 5–7 cm  400/m²

## Chionodoxa sardensis

*Dunkler Schneeglanz*
*Hyacinthaceae, Hyazinthengewächse*

**Heimat:** Westtürkei.
**Wuchsform:** Aufrechte bis abgespreizte Blätter, horstbildend. Zieht nach der Blüte ein.
**Blatt:** Schmal riemenförmig, bis 20 cm lang.
**Blüte:** Trauben mit bis zu 12 nickenden, sternförmigen, reinenzianblauen, bis 1 cm breiten Einzelblüten. III.
**Frucht:** Kapsel.
**Wuchs-/Blütenhöhe:** 10–15 cm.
**Standort:** Sonnig, gut durchlässiger, sandig lehmiger Boden.
**Verwendung:** Am Rand und zur Unterpflanzung von Gehölzgruppen und zum Verwildern in Naturgärten und Parks.
**Vermehrung:** Aussaat nach der Samenreife, Teilen im Sommer.
**Sorte:** Im Handel ist nur die eigentliche Art.
**Hinweis:** Am schönsten in großen Gruppen.

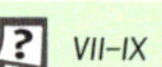 VII–IX  10–20 cm 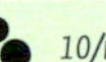 10/m²

## Colchicum autumnale

*Herbst-Zeitlose*
*Colchicaceae, Zeitlosengewächse*

**Heimat:** Europa.
**Wuchsform:** Aufrecht, horstbildend.
**Blatt:** Zungenförmig, glänzend grün, grundständig, bis 35 cm lang.
**Blüte:** Büschel trichterförmiger, violett-rosafarbener, bis 15 cm hoher Einzelblüten. VIII–X.
**Frucht:** 3-teilige Kapsel im Frühjahr.
**Wuchs-/Blütenhöhe:** 15 cm.
**Standort:** Sonnig bis halbschattig, nährstoffreicher Boden.
**Verwendung:** Stein- und Kiesgärten, Geröllbeete, Tröge und zum Verwildern in Rasenflächen.
**Vermehrung:** Aussaat nach der Samenreife oder Teilen im Sommer.
**Sorte:** ‘Alboplenum’ mit gefüllten, weißen Blüten, ‘Pleniflorum’ mit gefüllten Blüten.
**Hinweis:** Die Blätter erscheinen erst während der Blüte. Alle Pflanzenteile sind stark giftig!

 VII–IX 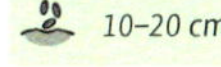 10–20 cm 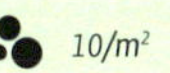 10/m²

## Colchicum-Sorten

*Zeitlosen-Hybriden*
*Colchicaceae, Zeitlosengewächse*

**Heimat:** Gärtnerischer Herkunft.
**Wuchsform:** Aufrecht, horstbildend.
**Blatt:** Zungenförmig, glänzend grün, grundständig, bis 25 cm lang.
**Blüte:** Büschel trichterförmiger, meist violett-rosafarbener, bis 15 cm hoher Einzelblüten. VIII–X.
**Frucht:** 3-teilige Kapsel.
**Wuchs-/Blütenhöhe:** 15–20 cm.
**Standort:** Sonnig bis halbschattig, nährstoffreicher Boden.
**Verwendung:** Stein- und Kiesgärten, Geröllbeete, Tröge und zum Verwildern in Rasenflächen.
**Vermehrung:** Nur durch Abnehmen von Tochterknollen im Sommer.
**Sorte:** 'Glory of Heemstede' mit schachbrettartig gemusterten, purpurroten Blüten. 'The Giant' mit sehr großen, hell purpurroten Blüten.
**Hinweis:** Alle Pflanzenteile sind stark giftig!

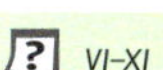 VI–XI  5 cm  16/m²

## Convallaria majalis

*Maiglöckchen*
*Convallariaceae, Maiglöckchengewächse*

**Heimat:** Europa, Kaukasus, Westasien.
**Wuchsform:** Aufrecht, locker, Rhizome bilden Ausläufer.
**Blatt:** Breit lanzettlich, gestielt, hellgrün, 15–20 cm lang.
**Blüte:** Nickende, cremeweiße, 1 cm große Glöckchen an aufrechten Trauben. Duftend. V.
**Frucht:** Selten erscheinen rote Beeren.
**Wuchs-/Blütenhöhe:** 20–25 cm.
**Standort:** Halbschattig bis schattig, humoser, frischer Boden.
**Verwendung:** Als Unterpflanzung von Gehölzen und am Gehölzrand.
**Vermehrung:** Teilen der Rhizome im Sommer.
**Sorte:** 'Grandiflora' mit größeren Blüten, 'Rosea' blüht rosafarben. 'Striata' hat cremeweiß gestreiftes Laub.
**Hinweis:** Alle Pflanzenteile sind stark giftig!

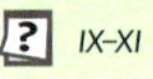 IX–XI 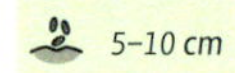 5–10 cm 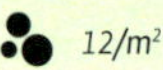 12/m²

## Corydalis cashmeriana

*Blauer Himalaja-Lerchensporn*
*Fumariaceae, Erdrauchgewächse*

**Heimat:** Himalaja (Kaschmir bis Nepal).
**Wuchsform:** Aufrecht, büschelig, horstbildend.
**Blatt:** Wechselständig, 3-zählig, eiförmig, mittelgrün, bis 8 cm lang.
**Blüte:** Trauben aus 3–8 leuchtend blauen, bis 1 cm langen, gespornten Röhrenblüten. IV–V.
**Frucht:** Zweifächerige Schote.
**Wuchs-/Blütenhöhe:** 25 cm.
**Standort:** Halbschattig, feuchter, aber gut durchlässiger, humoser, kalkfreier Boden.
**Verwendung:** Steingärten, am Gehölzrand und zur Unterpflanzung von Gehölzrabatten.
**Vermehrung:** Aussaat nach der Samenreife oder Teilen in der Ruhezeit.
**Sorte:** Im Handel ist nur die eigentliche Art.
**Hinweis:** Gedeiht besonders gut an kühlen, luftfeuchten Standorten.

 X  5–10 cm 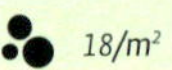 18/m²

## Corydalis cava

*Hohler Lerchensporn*
*Fumariaceae, Erdrauchgewächse*

**Heimat:** Europa.
**Wuchsform:** Dichtbuschig mit hohler Knolle, zieht nach der Blüte ein.
**Blatt:** Doppelt 3-fach gefingert, graugrün, 4–5 cm lang.
**Blüte:** Trauben mit gespornten, rosafarbenen oder weißen, 2,5 cm langen Blüten. III–IV.
**Frucht:** Schote mit schwarzen Samen, die von Ameisen verbreitet werden.
**Wuchs-/Blütenhöhe:** 15 cm.
**Standort:** Halbschattig bis schattig in humosem, kalkhaltigem Boden.
**Verwendung:** Als Unterpflanzung von Gehölzen und als Partner früh blühender Stauden.
**Vermehrung:** Aussaat nach der Samenreife oder Teilen in der sommerlichen Ruhezeit.
**Sorte:** Im Handel ist nur die eigentliche Art.
**Hinweis:** Sät sich bereitwillig aus.

 VIII–X 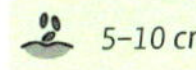 5–10 cm  12/m²

## Corydalis flexuosa

*Blauer Lerchensporn*
*Fumariaceae, Erdrauchgewächse*

**Heimat:** China (Westsichuan).
**Wuchsform:** Aufrecht, buschig, horstbildend. Zieht im Sommer ein.
**Blatt:** 2-fach 3-fingrig mit eiförmigen, hellgrünen, bereiften, bis 15 cm langen Blättchen.
**Blüte:** Trauben mit 2,5 cm langen, leuchtend blauen, gespornten Röhrenblüten. V–VI.
**Frucht:** Schote.
**Wuchs-/Blütenhöhe:** 30 cm.
**Standort:** Halbschattig, humoser, frischer bis feuchter, gut durchlässiger Boden.
**Verwendung:** Steingärten und am Gehölzrand.
**Vermehrung:** Aussaat nach der Samenreife oder Teilen in der sommerlichen Ruhezeit.
**Sorte:** 'China Blue' mit bronzefarbenem Austrieb.
**Hinweis:** Gedeiht besonders gut an luftfeuchten Standorten.

 VIII–X 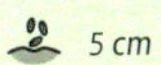 5 cm  25/m²

## Corydalis solida

*Gewöhnlicher Gefingerter Lerchensporn*
*Fumariaceae, Erdrauchgewächse*

**Heimat:** Nordeuropa, Asien.
**Wuchsform:** Aufrecht, buschig, horstbildend. Zieht im Sommer ein.
**Blatt:** 2- oder 3-fach 3-fingrig, blaugrün, bis 8 cm lang.
**Blüte:** Dichte Trauben mit bis zu 15 gespornten Röhrenblüten in Rosa- und Violetttönen oder Weiß. III–IV.
**Frucht:** Hängende Schote.
**Wuchs-/Blütenhöhe:** 20–25 cm.
**Standort:** Sonnig bis halbschattig.
**Verwendung:** Steingärten und am Gehölzrand.
**Vermehrung:** Aussaat nach der Samenreife, Teilen in der sommerlichen Ruhezeit.
**Sorte:** 'G. P. Baker' mit tieflachsrosa Blüten, 15 cm hoch.
**Hinweis:** An sonnigen Standorten darf der Boden nicht zu trocken sein.

 IX–X 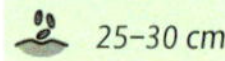 25–30 cm 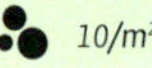 10/m²

## Crinum × powellii

*Hakenlilie, Kaplilie*
*Amaryllidaceae, Amaryllisgewächse*

**Heimat:** Gärtnerische Herkunft, die Eltern *C. bulbispermum* × *C. moorei* stammen aus Südafrika.
**Wuchsform:** Aufrecht, horstbildend.
**Blatt:** Breit riemenförmig, hell- bis mittelgrün, bogig überhängend, bis 100 cm lang.
**Blüte:** Dolden mit bis zu 10 weit geöffneten, blassrosafarbenen, duftenden Trichterblüten. VII–VIII.
**Frucht:** Kapsel.
**Wuchs-/Blütenhöhe:** 60–100 cm.
**Standort:** Sonnig bis halbschattig, nährstoffreicher, humoser, durchlässiger Boden.
**Verwendung:** In kleinen Gruppen in Beeten oder Kübeln.
**Vermehrung:** Teilen im Frühjahr.
**Sorte:** 'Album' mit reinweißen Blüten.
**Hinweis:** Im Kalthaus hell überwintern, im Freiland Winterschutz erforderlich.

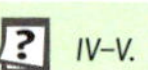 IV–V. 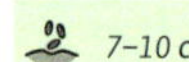 7–10 cm  7/m²

## Crocosmia × crocosmiiflora

*Garten-Montbretie*
*Iridaceae, Schwertliliengewächse*

**Heimat:** Gärtnerische Herkunft, die Eltern *C. aurea* × *C. pottsii* stammen aus Südafrika.
**Wuchsform:** Aufrecht bis überhängend, horstbildend.
**Blatt:** Schwertförmig, gerippt, blassgrün, grundständig, 60–100 cm lang.
**Blüte:** Dünne, verzweigte Ähren mit orangeroten, 2,5–4 cm langen Trichterblüten. VIII–IX.
**Frucht:** Kapsel.
**Wuchs-/Blütenhöhe:** 60 cm.
**Standort:** Sonnig bis halbschattig, fruchtbarer, gut durchlässiger Boden.
**Verwendung:** In kleinen Tuffs in Staudenbeeten und Rabatten. Gute Schnittblume.
**Vermehrung:** Nur durch Teilung im Frühjahr.
**Sorte:** Von dieser Hybride gibt es keine Sorten.
**Hinweis:** Winterschutz nötig.

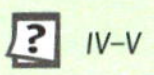 IV–V 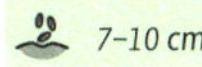 7–10 cm  7/m²

## Crocosmia masoniorum

*Masons Montbretie*
*Iridaceae, Schwertliliengewächse*

**Heimat:** Südafrika, Transkei.
**Wuchsform:** Aufrecht bis überhängend, horstbildend.
**Blatt:** Schwertförmig, gerippt, mittelgrün, grundständig, 60–75 cm lang.
**Blüte:** Ähren mit nach oben geöffneten, 3–5 cm langen, orangeroten Trichterblüten. VII–IX.
**Frucht:** Kapsel.
**Wuchs-/Blütenhöhe:** 70–100 cm.
**Standort:** Sonnig, nährstoffreicher, durchlässiger Boden.
**Verwendung:** In kleinen Tuffs in Staudenbeeten und Rabatten. Gute Schnittblume.
**Vermehrung:** Aussaat nach der Samenreife unter Glas, Teilen im Frühjahr.
**Sorte:** 'Rowallane Yellow' mit chromgelben Blüten.
**Hinweis:** Winterschutz nötig.

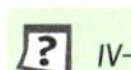 IV–V  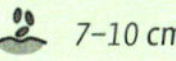 7–10 cm  7/m²

## Crocosmia-Sorten

*Montbretien-Hybriden*
*Iridaceae, Schwertliliengewächse*

**Heimat:** Gärtnerische Herkunft.
**Wuchsform:** Aufrecht bis überhängend, horstbildend.
**Blatt:** Schwertförmig, mittelgrün, gefaltet oder gerippt, grundständig, bis 100 cm lang.
**Blüte:** Ähren mit trichterförmigen Einzelblüten in Gelb-, Orange- und Rottönen. VII–IX.
**Frucht:** Kapsel.
**Wuchs-/Blütenhöhe:** 60–80 cm.
**Standort:** Sonnig bis halbschattig, fruchtbarer, gut durchlässiger Boden.
**Verwendung:** In kleinen Tuffs in Staudenbeeten und Rabatten. Gute Schnittblume.
**Vermehrung:** Nur durch Teilung im Frühjahr kurz vor Beginn des Austriebs.
**Sorte:** 'Aurora' mit gelben, 'Lucifer' mit feuerroten Blüten.
**Hinweis:** Winterschutz nötig.

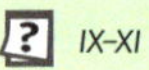 IX–XI 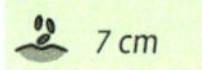 7 cm  400/m²

## Crocus ancyrensis

*Ankara-Krokus*
*Iridaceae, Schwertliliengewächse*

**Heimat:** Zentral- und Nordtürkei, Westchina.
**Wuchsform:** Aufrecht, horstbildend. Zieht im Frühsommer ein.
**Blatt:** Grasartig, steif, halb aufrecht, grundständig, mit blassgrünem Mittelstreifen.
**Blüte:** Rundlich kelchförmig, leuchtend gelb, bis 3 cm lang. II–III.
**Frucht:** Kapsel.
**Wuchs-/Blütenhöhe:** 5 cm.
**Standort:** Sonnig, kiesig sandiger Boden.
**Verwendung:** Steingärten, auch zum Verwildern in Rasenflächen.
**Vermehrung:** Aussaat nach der Samenreife unter Glas, Teilen in der sommerlichen Ruhephase.
**Sorte:** 'Golden Bunch' mit mehreren Blüten pro Knolle.
**Hinweis:** Die Blätter erscheinen während oder nach der Blütezeit.

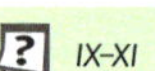 IX–XI 7 cm 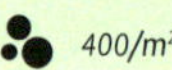 400/m²

## Crocus angustifolius

*Goldbrokat-Krokus, Schmalblättriger Krokus*
*Iridaceae, Schwertliliengewächse*

**Heimat:** Südukraine einschließlich Krim.
**Wuchsform:** Aufrecht, horstbildend. Zieht im Frühsommer ein.
**Blatt:** Grasähnlich, graugrün, grundständig.
**Blüte:** Schmal, kelchförmig, orangegelb, außen braun gestreift, bis 3,5 cm lang. II–III.
**Frucht:** Kapsel.
**Wuchs-/Blütenhöhe:** 6–8 cm.
**Standort:** Sonnig, durchlässiger Boden.
**Verwendung:** Steingärten, auch zum Verwildern in Rasenflächen.
**Vermehrung:** Aussaat nach der Samenreife, Teilen in der sommerlichen Ruhezeit.
**Sorte:** Auch unter dem Namen *C. susianus* im Handel.
**Hinweis:** Beim Öffnen biegen sich die Blütenblätter stark zurück.

 IX–XI 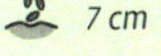 7 cm  400/m²

## Crocus biflorus

*Zweiblütiger Krokus, schottischer Krokus*
*Iridaceae, Schwertliliengewächse*

**Heimat:** Italien, westlicher Balkan, Griechenland, Türkei bis Ukraine, Nordiran.
**Wuchsform:** Aufrecht, horstbildend. Zieht im Frühsommer ein.
**Blatt:** 3–5 Blätter. Grasartig, mittelgrün, grundständig, mit weißem Mittelstreifen.
**Blüte:** 1–4 Blüten. Fliederfarben oder weiß, außen purpurn gestreift, bis 3 cm lang. II–III.
**Frucht:** Kapsel.
**Wuchs-/Blütenhöhe:** 5–10 cm.
**Standort:** Sonnig, mäßig nährstoffreicher, gut durchlässiger Boden.
**Verwendung:** Steingärten, auch zum Verwildern in Rasenflächen.
**Vermehrung:** Aussaat nach der Samenreife, Teilen in der sommerlichen Ruhezeit.
**Sorte:** 'Miss Vain' mit weißen Blüten.
**Hinweis:** Sehr variable Art.

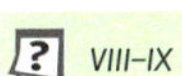 VIII–IX 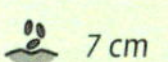 7 cm  400/m²

## Crocus cartwrightianus

*Cartwrights Krokus, Wilder Safran-Krokus*
*Iridaceae, Schwertliliengewächse*

**Heimat:** Griechenland einschließlich Kreta.
**Wuchsform:** Aufrecht, horstbildend. Zieht im Frühjahr ein.
**Blatt:** Grasartig, dunkelgrün, grundständig.
**Blüte:** 1–5 Blüten pro Knolle. Kelchförmig, fliederfarben, dunkel geädert, bis 3 cm lang. X–XI.
**Frucht:** Kapsel.
**Wuchs-/Blütenhöhe:** 5 cm.
**Standort:** Sonnig, humoser, kalkarmer, sehr gut durchlässiger Boden.
**Verwendung:** Sonnige Steingärten.
**Vermehrung:** Aussaat nach der Samenreife, Teilen in der Ruhezeit im Sommer.
**Sorte:** Am häufigsten wird *C. cartwrightianus* var. *albus* mit weißen Blüten kultiviert.
**Hinweis:** Duftende Blüten. Die Blätter erscheinen mit oder kurz nach der Blüte und überwintern. Winterschutz empfehlenswert.

 IX–XI  7 cm  400/$m^2$

## Crocus chrysanthus

*Kleiner Krokus*
*Iridaceae, Schwertliliengewächse*

**Heimat:** Südosteuropa, Kleinasien.
**Wuchsform:** Aufrecht, horstbildend. Zieht im Frühsommer ein.
**Blatt:** Schmal riemenförmig, stumpfgrün, grundständig, erscheint nach der Blüte.
**Blüte:** Pro Knolle bis zu 4 rundliche Trichterblüten, cremeweiß bis goldgelb, 1,5–4 cm lang. III.
**Frucht:** Kapsel.
**Wuchs-/Blütenhöhe:** 5 cm.
**Standort:** Sonnig, magerer, durchlässiger Boden.
**Verwendung:** In Gruppen für Steingärten, auch zum Verwildern in Rasenflächen.
**Vermehrung:** Aussaat nach der Samenreife unter Glas, Abnehmen von Tochterknollen im Sommer.
**Sorte:** 'Blue Pearl' mit hellblauen, 'Cream Beauty' mit cremegelben Blüten und 'Snow Bunting' mit weißen Blüten und gelber Mitte.
**Hinweis:** Variable Art mit vielen Sorten.

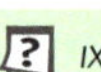 IX–XI  7 cm 400/$m^2$

## Crocus dalmaticus

*Dalmatiner Krokus*
*Iridaceae, Schwertliliengewächse*

**Heimat:** Kroatien, Montenegro, Nordalbanien.
**Wuchsform:** Aufrecht, horstbildend. Zieht im Frühsommer ein.
**Blatt:** Schmal riemenförmig, dunkelgrün, grundständig.
**Blüte:** Offen becherförmig, hellviolett, purpurn geädert, mit gelber Mitte. II–III.
**Frucht:** Kapsel.
**Wuchs-/Blütenhöhe:** 8 cm.
**Standort:** Sonnig, mäßig nährstoffreicher, frischer, gut durchlässiger Boden.
**Verwendung:** Sonnige Steingärten.
**Vermehrung:** Aussaat nach der Samenreife, Teilen in der sommerlichen Ruhezeit.
**Sorte:** 'Petrovac' ist insgesamt etwas höher und die Blüte größer.
**Hinweis:** Seltene Liebhaberpflanze. Die Blätter erscheinen mit oder nach der Blüte.

 IX–XI  7 cm  400/m²

## Crocus etruscus

*Toskanischer Krokus, Rosen-Krokus*
*Iridaceae, Schwertliliengewächse*

**Heimat:** Toskana, Insel Elba.
**Wuchsform:** Aufrecht, horstbildend.
**Blatt:** Riemenförmig, grundständig, überragen während der Blütezeit die Blüten.
**Blüte:** Offen kelchförmig, fliederfarben bis blasslila, Außenseiten silbrig, 3–4 cm lang. II–III.
**Frucht:** Kapsel.
**Wuchs-/Blütenhöhe:** 8–12 cm.
**Standort:** Sonnig, mäßig nährstoffreicher, frischer, gut durchlässiger Boden.
**Verwendung:** Steingärten, auch zum Verwildern in Rasenflächen.
**Vermehrung:** Aussaat nach der Samenreife, Teilen in der sommerlichen Ruhezeit.
**Sorte:** Am häufigsten wird die Sorte 'Zwanenburg' kultiviert.
**Hinweis:** Eignet sich an zusagenden Standorten auch zum Verwildern.

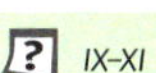 IX–XI  7 cm  400/m²

## Crocus flavus

*Gold-Krokus*
*Iridaceae, Schwertliliengewächse*

**Heimat:** Balkan, Rumänien, Türkei, Krim.
**Wuchsform:** Aufrecht, horstbildend. Zieht im Frühsommer ein.
**Blatt:** Schmal riemenförmig, dunkelgrün, grundständig, erst aufrecht, später leicht übergeneigt.
**Blüte:** Bis zu 4 Blüten pro Knolle. Orangegelb, kelchförmig, 2,5–3 cm lang. II–III.
**Frucht:** Kapsel.
**Wuchs-/Blütenhöhe:** 8 cm.
**Standort:** Sonnig, mäßig nährstoffreicher, frischer, gut durchlässiger Boden.
**Verwendung:** Steingärten, auch zum Verwildern in Rasenflächen.
**Vermehrung:** Aussaat nach der Samenreife, Teilen in der sommerlichen Ruhezeit.
**Sorte:** Auch unter dem Namen *C. aureus* im Handel.
**Hinweis:** Robuste Art mit duftenden Blüten.

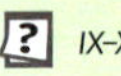 IX–XI  7 cm 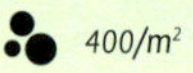 400/m²

## Crocus imperati

*Imperato-Krokus, Teufels-Krokus*
*Iridaceae, Schwertliliengewächse*

**Heimat:** Westitalien.
**Wuchsform:** Aufrecht, horstbildend. Zieht im Frühsommer ein.
**Blatt:** Schmal riemenförmig, glänzend dunkelgrün, grundständig.
**Blüte:** Meist einzeln stehend, innen purpurviolett, außen strohgelb mit dunkleren Streifen, 3–4 cm lang. I–III.
**Frucht:** Kapsel.
**Wuchs-/Blütenhöhe:** 5–10 cm.
**Standort:** Sonnig, mäßig nährstoffreicher, frischer, gut durchlässiger Boden.
**Verwendung:** Steingärten, auch zum Verwildern in Rasenflächen.
**Vermehrung:** Aussaat nach der Samenreife, Teilen in der sommerlichen Ruhezeit.
**Sorte:** 'De Jager' mit purpurvioletten Blüten.
**Hinweis:** Sehr früh blühende Art.

 VIII 7 cm  400/m²

## Crocus kotschyanus

*Ring-Herbst-Krokus*
*Iridaceae, Schwertliliengewächse*

**Heimat:** Türkei, Syrien, Libanon.
**Wuchsform:** Aufrecht, horstbildend. Zieht im Sommer ein.
**Blatt:** Schmal riemenförmig, dunkelgrün, grundständig.
**Blüte:** Einzeln stehend, langröhrig, zartlila mit dunklen Andern und orangefarbener Basis, 3–4 cm lang. IX–X.
**Frucht:** Kapsel.
**Wuchs-/Blütenhöhe:** 8–10 cm.
**Standort:** Sonnig, mäßig nährstoffreicher, gut durchlässiger Boden.
**Verwendung:** Steingärten, auch zum Verwildern in Rasenflächen.
**Vermehrung:** Aussaat nach der Samenreife, Teilen in der sommerlichen Ruhezeit.
**Sorte:** 'Albus' mit weißen Blüten (Bild).
**Hinweis:** Die Blüten erscheinen vor den Blättern.

 VIII–IX  7 cm  400/m²

## Crocus laevigatus

*Glatter Krokus*
*Iridaceae, Schwertliliengewächse*

**Heimat:** Griechenland einschließlich Kreta.
**Wuchsform:** Aufrecht, horstbildend. Zieht im Frühsommer ein.
**Blatt:** Grasartig, dunkelgrün, grundständig.
**Blüte:** Pro Knolle 1–3 Blüten. Weiß bis fliederfarben, außen gelb bis braun mit purpurner Zeichnung, bis 3 cm lang. X–XI.
**Frucht:** Kapsel.
**Wuchs-/Blütenhöhe:** 8–10 cm.
**Standort:** Sonnig, mäßig nährstoffreicher, sehr gut durchlässiger Boden.
**Verwendung:** Steingärten, auch zum Verwildern in Rasenflächen.
**Vermehrung:** Aussaat nach der Samenreife, Teilen in der sommerlichen Ruhezeit.
**Sorte:** 'Fontenay' mit violetten, außen deutlich dunkler gestreiften Blüten.
**Hinweis:** Blüht sehr spät im Jahr.

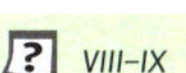 VIII–IX  7 cm  400/m²

## Crocus ochroleucus

*Elfenbein-Herbst-Krokus*
*Iridaceae, Schwertliliengewächse*

**Heimat:** Syrien, Libanon, Nordisrael.
**Wuchsform:** Aufrecht, horstbildend. Zieht im Frühjahr ein.
**Blatt:** Schmal riemenförmig, mittelgrün, grundständig. Erscheint mit oder kurz nach der Blüte.
**Blüte:** 1–3 Blüten. Becherförmig, cremeweiß mit gelbem Schlund, bis 3,5 cm lang. X–XI.
**Frucht:** Kapsel.
**Wuchs-/Blütenhöhe:** 10 cm.
**Standort:** Sonnig, mäßig nährstoffreicher, sehr gut durchlässiger Boden.
**Verwendung:** Steingärten, auch zum Verwildern in Rasenflächen.
**Vermehrung:** Aussaat nach der Samenreife, Teilen in der sommerlichen Ruhezeit.
**Sorte:** Im Handel ist nur die eigentliche Art.
**Hinweis:** Nur für Regionen mit spätem Wintereinbruch geeignet.

 VIII–IX 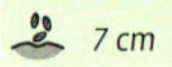 7 cm  400/m²

## Crocus pulchellus

*Rosen-Herbst-Krokus*
*Iridaceae, Schwertliliengewächse*

**Heimat:** Balkan, Nordwesttürkei.
**Wuchsform:** Aufrecht, horstbildend. Zieht im Frühjahr ein.
**Blatt:** Schmal riemenförmig, mittelgrün, grundständig. Erscheint erst nach der Blüte.
**Blüte:** Einzeln stehend, kelchförmig, langröhrig, fliederblau, dunkel geadert, 3–6 cm lang. X–XI.
**Frucht:** Kapsel.
**Wuchs-/Blütenhöhe:** 10 cm.
**Standort:** Sonnig, mäßig nährstoffreicher, sehr gut durchlässiger Boden.
**Verwendung:** Steingärten, auch zum Verwildern in Rasenflächen.
**Vermehrung:** Wie *Crocus sieberi.*
**Sorte:** 'Zephyr' mit perlgrauen, zart violett geaderten Blüten mit gelbem Schlund.
**Hinweis:** Nur für Regionen mit spätem Wintereinbruch geeignet.

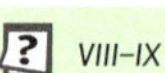 VIII–IX  7 cm  400/m²

## Crocus sativus

*Echter Safran*
*Iridaceae, Schwertliliengewächse*

**Heimat:** Ägäis. Mutante von *C. cartwrightianus.*
**Wuchsform:** Aufrecht, horstbildend. Zieht im Frühsommer ein.
**Blatt:** Schmal riemenförmig, mattgrün, grundständig. Erscheint mit oder kurz nach der Blüte.
**Blüte:** Bis zu 5 Blüten pro Knolle. Breit kelchförmig, fliederfarben, dunkel geadert, orangerote Staubgefäße, bis 5 cm lang. VIII–IX.
**Frucht:** Steril.
**Wuchs-/Blütenhöhe:** 5 cm.
**Standort:** Sonnig, humoser, kalkarmer, durchlässiger Boden, im Sommer trocken halten.
**Verwendung:** Steingärten und Rasenflächen.
**Vermehrung:** Nur vegetativ durch Abnehmen von Tochterknollen im Sommer.
**Sorte:** Im Handel ist nur die eigentliche Art.
**Hinweis:** Winterschutz empfehlenswert. Aus den Stempelfäden wird Safran gewonnen.

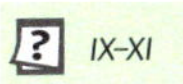 IX–XI  7 cm   400/m²

## Crocus sieberi

*Siebers Krokus*
*Iridaceae, Schwertliliengewächse*

**Heimat:** Südbalkan, Griechenland einschließlich Kreta.
**Wuchsform:** Aufrecht, horstbildend. Zieht im Frühsommer ein.
**Blatt:** Schmal riemenförmig, grundständig.
**Blüte:** Kräftig rosa-fliederfarben mit gelbem Schlund, 2–3 cm lang, duftend. II–III.
**Frucht:** Kapsel.
**Wuchs-/Blütenhöhe:** 10 cm.
**Standort:** Sonnig in mäßig fruchtbarem, gut durchlässigem Boden.
**Verwendung:** Steingärten, auch zum Verwildern in Rasenflächen.
**Vermehrung:** Aussaat nach der Samenreife, Teilen in der sommerlichen Ruhezeit.
**Sorte:** 'Tricolor' (im Bild) mit ausgeprägter Färbung, 'Bowles White' mit reinweißen Blüten.
**Hinweis:** Besonders reichblütig.

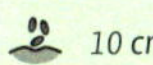 VIII–IX  10 cm 400/m²

## Crocus speciosus

*Pracht-Herbst-Krokus*
*Iridaceae, Schwertliliengewächse*

**Heimat:** Kaukasus, Kleinasien, Krim, Iran.
**Wuchsform:** Aufrecht, horstbildend.
**Blatt:** Schmal riemenförmig, grundständig. Erscheint nach der Blüte im Herbst.
**Blüte:** Einzelne, 3–6 cm lange Trichterblüten, violettblau mit orangeroten Narben. XI–X.
**Frucht:** Kapsel.
**Wuchs-/Blütenhöhe:** 12 cm.
**Standort:** Sonnig, trockener bis frischer, gut durchlässiger Boden.
**Verwendung:** In Gruppen im Stein- und Kiesgarten, auch für die Treiberei in Töpfen.
**Vermehrung:** Aussaat nach Samenreife unter Glas, Abnehmen von Tochterknollen im Sommer.
**Sorte:** 'Albus' blüht reinweiß, 'Oxonian' violettblau.
**Hinweis:** Vermehrt sich rasch durch Ableger und Selbstaussaat.

 IX–XI  7 cm 400/m²

## Crocus tommasinianus

*Elfen-Krokus*
*Iridaceae, Schwertliliengewächse*

**Heimat:** Ungarn, Balkan.
**Wuchsform:** Aufrecht, horstbildend. Zieht im Frühsommer ein.
**Blatt:** Schmal riemenförmig, mittelgrün, grundständig. Erscheint vor oder mit der Blüte.
**Blüte:** Einzeln stehend, schmal trichterförmig, lavendellila, außen silbrig. II–III.
**Frucht:** Kapsel.
**Wuchs-/Blütenhöhe:** 10 cm.
**Standort:** Sonnig, humoser, im Frühjahr nicht zu trockener, gut durchlässiger Boden.
**Verwendung:** Steingärten, gut zum Verwildern.
**Vermehrung:** Aussaat nach Samenreife, Teilen in der sommerlichen Ruhephase.
**Sorte:** *C. tommasinianus* var. *albus* mit weißen Blüten, 'Ruby Giant' mit sterilen, großen, purpurvioletten Blüten.
**Hinweis:** Sät sich bereitwillig aus.

 IX–XI 8 cm 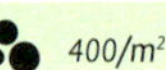 400/m²

## Crocus vernus

*Frühlings-Krokus*
*Iridaceae, Schwertliliengewächse*

**Heimat:** Westrussland, Tschechien bis Balkan.
**Wuchsform:** Aufrecht, horstbildend. Zieht im Frühsommer ein.
**Blatt:** Grasartig, dunkelgrün, grundständig. Erscheint während der Blüte.
**Blüte:** Einzeln stehend, breit kelchförmig, weiß bis violett, teils dunkler geadert, 3–6 cm lang. III–IV.
**Frucht:** Kapsel.
**Wuchs-/Blütenhöhe:** 10–12 cm.
**Standort:** Sonnig, durchlässiger Boden.
**Verwendung:** Steingärten, Rabattenränder, auch zum Verwildern in Rasenflächen, Topfkultur.
**Vermehrung:** Aussaat nach der Samenreife, Teilen in der sommerlichen Ruhezeit.
**Sorte:** *C. vernus* subsp. *vernus* mit purpurblauen Blüten eignet sich gut zum Verwildern.
**Hinweis:** Variable, sortenreiche Art.

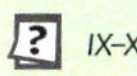 IX–XI  7 cm  400/m²

## Crocus versicolor

*Silberlack-Krokus, Bunter Krokus*
*Iridaceae, Schwertliliengewächse*

**Heimat:** Ligurien, französische Seealpen.
**Wuchsform:** Aufrecht, horstbildend. Zieht im Frühsommer ein.
**Blatt:** Schmal riemenförmig, graugrün, grundständig.
**Blüte:** Einzeln stehend, becherförmig, zart violettblau mit gelbem Schlund. III–IV.
**Frucht:** Kapsel.
**Wuchs-/Blütenhöhe:** 7 cm.
**Standort:** Sonnig, humoser, gut durchlässiger Boden.
**Verwendung:** Steingärten, zum Verwildern in Rasenflächen.
**Vermehrung:** Aussaat nach der Samenreife, Teilen in der sommerlichen Ruhezeit.
**Sorte:** 'Picturatus' mit weißen, purpurn gefiederten Blüten.
**Hinweis:** Spät im Frühjahr blühender Krokus.

 VIII–IX 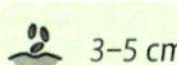 3–5 cm 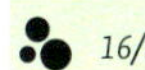 16/m²

## Cyclamen cilicium

*Anatolien-Alpenveilchen*
*Primulaceae, Primelgewächse*

**Heimat:** Türkei.
**Wuchsform:** Ausgebreitet mit abgeflachter Knolle. Zieht im Sommer ein.
**Blatt:** Rundlich bis herzförmig, mittelgrün mit intensiv silbriger Zeichnung, bis 5 cm breit.
**Blüte:** Schmal, nickend, zartrosa, bis 2 cm lang, mit zurückgeschlagenen Blütenblättern. IX–X.
**Frucht:** Kugelige Kapsel.
**Wuchs-/Blütenhöhe:** 5 cm.
**Standort:** Halbschattig, durchlässiger, humoser, mäßig nährstoffreicher Boden.
**Verwendung:** In kleinen Gruppen in Steingärten und am Gehölzrand.
**Vermehrung:** Aussaat nach Samenreife.
**Sorte:** *C. cilicium* f. *album* blüht weiß.
**Hinweis:** Die Blüten erscheinen vor oder mit den Blättern. Guter Winterschutz (Mulchdecke) empfehlenswert.

 IX–XI 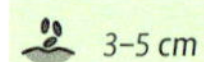 3–5 cm 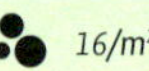 16/m²

## Cyclamen coum

*Vorfrühlings-Alpenveilchen*
*Primulaceae, Primelgewächse*

**Heimat:** Südosteuropa, Kleinasien bis Israel.
**Wuchsform:** Ausgebreitet mit abgeflachter Knolle.
**Blatt:** Nierenförmig, 5 cm breit, dunkelgrün, bis 6 cm lang.
**Blüte:** Gedrungen, nickend, 1,5 cm lang, mit zurückgeschlagenen Blütenblättern in Weiß, Rosa oder Purpurn, am Grund dunkel gefleckt. II–IV.
**Frucht:** Kugelige Kapsel.
**Wuchs-/Blütenhöhe:** 5 cm.
**Standort:** Sonnig bis halbschattig, mäßig fruchtbarer, kalkhaltiger, durchlässiger Boden.
**Verwendung:** Einzeln oder in kleinen Gruppen unter Gehölzen und im Steingarten.
**Vermehrung:** Aussaat nach Samenreife.
**Sorte:** 'Album' blüht reinweiß.
**Hinweis:** Das Laub wird oft schon im Frühsommer eingezogen.

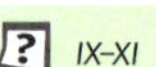 IX–XI 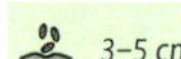 3–5 cm  16/m²

## Cyclamen hederifolium

*Herbst-Alpenveilchen, Neapolitanisches Alpenveilchen*
*Primulaceae, Primelgewächse*

**Heimat:** Mittelmeergebiet (Italien bis Türkei).
**Wuchsform:** Ausgebreitet mit flacher Knolle.
**Blatt:** Efeublattähnlich, spitz dreieckig, 5–15 cm breit, dunkelgrün, oft silbrig gezeichnet, unterseits purpurn, erscheint mit oder nach der Blüte.
**Blüte:** Kurz gestielt, nickend, dunkelrosa mit dunklem Fleck am Grund, 2,5 cm lang. VIII–X.
**Frucht:** Kugelige Kapsel.
**Wuchs-/Blütenhöhe:** 12 cm.
**Standort:** Sonnig bis halbschattig, mäßig fruchtbarer, kalkhaltiger, durchlässiger Boden.
**Verwendung:** Einzeln oder in kleinen Gruppen unter Gehölzen und im Steingarten.
**Vermehrung:** Aussaat nach Samenreife.
**Sorte:** *C. hederifolium* var. *albiflorum* mit weißen Blüten.
**Hinweis:** Zieht im Frühsommer ein.

 IX–XI 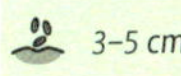 3–5 cm  16/m²

## Cyclamen purpurascens

*Sommer-Alpenveilchen*
*Primulaceae, Primelgewächse*

**Heimat:** Südosteuropa, Balkan.
**Wuchsform:** Ausgebreitet mit kugeliger Knolle.
**Blatt:** Nieren- bis herzförmig, dunkelgrün mit hellen Flecken und Streifen, unterseits purpurrot, bis 8 cm breit.
**Blüte:** Lang gestielt, nickend, hellrosa bis karminrot mit dunklem Fleck am Grund, 2 cm lang. VII–IX.
**Frucht:** Kugelige Kapsel.
**Wuchs-/Blütenhöhe:** 10–15 cm.
**Standort:** Halbschattig bis schattig, durchlässiger, humoser, kalkhaltiger Boden.
**Verwendung:** Als Unterpflanzung von Gehölzgruppen, auch für die Topfkultur.
**Vermehrung:** Aussaat nach der Samenreife, Abnehmen von Ausläufern im Sommer.
**Sorte:** Im Handel ist nur die eigentliche Art.
**Hinweis:** Verbreitet sich durch Selbstaussaat.

 IX–XI 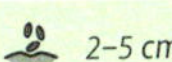 2–5 cm  6/m²

## Cypripedium calceolus

*Gelber Frauenschuh*
*Orchidaceae, Orchideengewächse*

**Heimat:** Mittel- und Osteuropa, Kaukasus, Sibirien.
**Wuchsform:** Aufrecht, horstbildend, rhizomartige Wurzel. Zieht im Herbst ein.
**Blatt:** 3–5 spitz eiförmige, längs gestreifte, bis 20 cm lange Blätter.
**Blüte:** Meist einzeln stehend, lang gestielt. 4 rotbraune, 9 cm lange Außenblätter umgeben eine 4 cm lange, gelbe Lippe (der „Schuh"). V–VI.
**Frucht:** Längliche Kapsel mit feinem Samen.
**Wuchs-/Blütenhöhe:** 20–60 cm.
**Standort:** Halbschattig, frischer, humoser, durchlässiger, kalkhaltiger Boden.
**Verwendung:** Natur- und Steingärten.
**Vermehrung:** Teilen im Frühjahr, Aussaat nur in Spezialkultur.
**Sorte:** Im Handel ist nur die eigentliche Art.
**Hinweis:** Möglichst nicht verpflanzen.

 III–V 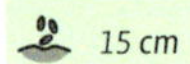 15 cm 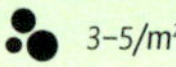 3–5/m²

## Dahlia-Sorten

*Dahlie, Georgine*
*Asteraceae, Korbblütler, Asterngewächse*

**Heimat:** Mexiko.
**Wuchsform:** Aufrecht.
**Blatt:** Gegenständig, meist 3-teilig, dunkelgrün, auch braunrot, Blattrand gesägt.
**Blüte:** Körbchenblüten in vielen Farben und Formen. VI–X.
**Frucht:** Köpfchen mit geflügelten Samen.
**Wuchs-/Blütenhöhe:** 20–200 cm.
**Standort:** Sonnig, tiefgründiger, nährstoffreicher Boden ohne Staunässe.
**Verwendung:** Für Beete, niedrige Sorten auch für Töpfe. Hervorragende Schnittblume.
**Vermehrung:** Teilen der Knollen im Vorfrühling, Stecklinge im Sommer, Aussaat möglich.
**Sorte:** Breites Spektrum an Sorten, u. a. 'Bishop of Llandaff' mit roten Blüten und braunem Laub.
**Hinweis:** Nach erstem Frost aufnehmen, frostfrei und dunkel überwintern.

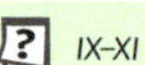 IX–XI 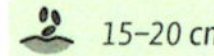 15–20 cm  70/m²

## Dichelostemma congestum

*Büschellilie, Feuerwerksblume*
*Alliaceae, Lauchgewächse*

**Heimat:** Westliche USA.
**Wuchsform:** Aufrechter Blütentrieb, horstbildend. Zieht vor der Blüte ein.
**Blatt:** Schmal riemenförmig, grasartig, grundständig, bis 30 cm lang.
**Blüte:** Dichte, 5 cm breite Trauben mit 2 cm langen, fliederfarbenen Einzelblüten. VI–VII.
**Frucht:** Kapsel.
**Wuchs-/Blütenhöhe:** 90 cm.
**Standort:** Sonnig und geschützt, gut durchlässiger Boden.
**Verwendung:** In kleinen Tuffs im Steingarten. Gute Schnittblume.
**Vermehrung:** Aussaat nach der Samenreife unter Glas, Teilen im Spätsommer.
**Sorte:** 'Pink Diamond' mit purpurrosa Blüten.
**Hinweis:** Guter Winterschutz erforderlich.

IX–XI

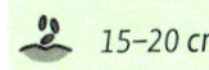
15–20 cm

90/m²

## Dichelostemma ida-maia

*Frühlingsstern, Feuerwerksblume*
*Alliaceae, Lauchgewächse*

**Heimat:** Westliche USA (Oregon u. Kalifornien).
**Wuchsform:** Aufrechter Blütentrieb, horstbildend. Zieht vor der Blüte ein.
**Blatt:** Grasartig, grundständig, bis 30 cm lang.
**Blüte:** Dichte, 6 cm breite Dolden mit bis zu 18 schmal glockigen, blutroten Einzelblüten mit grünen Spitzen. V–VI.
**Frucht:** Kapsel.
**Wuchs-/Blütenhöhe:** 30 cm.
**Standort:** Sonnig und geschützt, gut durchlässiger Boden.
**Verwendung:** In kleinen Tuffs im Steingarten, Topfkultur.
**Vermehrung:** Aussaat nach der Samenreife, Teilen im Spätsommer.
**Sorte:** Auch unter dem Namen *Brodiaea ida-maia* im Handel.
**Hinweis:** Guter Winterschutz erforderlich.

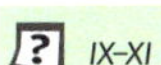
IX–XI

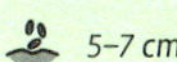
5–7 cm

300/m²

## Eranthis cilicica

*Winterling*
*Ranunculaceae, Hahnenfußgewächse*

**Heimat:** Türkei bis Afghanistan.
**Wuchsform:** Knollenpflanze mit rosettenförmigem Hochblatt. Zieht im Sommer ein.
**Blatt:** Handförmig fein zerteilt, kragenartig, glänzend mittelgrün, bronzefarben getönt.
**Blüte:** Schalenförmig, 3–3,5 cm breit, goldgelb, süß duftend. III.
**Frucht:** Balgfrucht mit großen Samenkörnern.
**Wuchs-/Blütenhöhe:** 5–8 cm.
**Standort:** Sonnig bis halbschattig, trockener bis frischer, nährstoffreicher, kalkhaltiger Boden.
**Verwendung:** In größeren Gruppen als Unterpflanzung von Gehölzen.
**Vermehrung:** Aussaat nach Samenreife, Teilen unmittelbar nach der Blüte.
**Sorte:** Im Handel ist nur die eigentliche Art.
**Hinweis:** Größere, später erscheinende Blüten als *E. hyemalis*, verträgt mehr Trockenheit.

 IX–XI 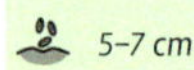 5–7 cm  300/m²

## Eranthis hyemalis

*Kleiner Winterling*
*Ranunculaceae, Hahnenfußgewächse*

**Heimat:** Südfankreich bis Bulgarien.
**Wuchsform:** Knollenpflanze mit rosettenförmigem Hochblatt. Zieht im Sommer ein.
**Blatt:** Handförmig geschlitzt, kragenartig, dunkelgrün. Erscheint erst mit oder nach der Blüte.
**Blüte:** Schalenförmig, 2–3 cm breit, gelb, süß duftend. II–III.
**Frucht:** Balgfrucht mit großen Samenkörnern.
**Wuchs-/Blütenhöhe:** 5–8 cm.
**Standort:** Sonnig bis halbschattig, frischer, nährstoffreicher, kalkhaltiger Boden.
**Verwendung:** In großen Gruppen unter Gehölzen und im Steingarten.
**Vermehrung:** Aussaat nach Samenreife, Teilen unmittelbar nach der Blüte.
**Sorte:** Im Handel ist nur die eigentliche Art.
**Hinweis:** An zusagenden Standorten bereitwillige Selbstaussaat.

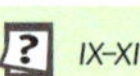 IX–XI  15 cm  5/m²

## Eremurus himalaicus

*Himalaja-Steppenkerze*
*Asphodeliaceae, Junkerliliengewächse*

**Heimat:** Kaschmir, Himalaja.
**Wuchsform:** Büschelig, Blütentrieb steif aufrecht, horstbildend.
**Blatt:** Schmal riemenförmig, leuchtend grün, bis 30 cm lang.
**Blüte:** Bis 90 cm lange Trauben weißer, 2,5 cm breiter Einzelblüten. V–VI.
**Frucht:** Kugelige Kapsel, 1 cm groß.
**Wuchs-/Blütenhöhe:** 130–180 cm.
**Standort:** Sonnig, nährstoffreicher, gut durchlässiger Boden.
**Verwendung:** Einzeln oder in kleinen Gruppen in Beeten und Rabatten sowie im Kiesgarten.
**Vermehrung:** Aussaat nach der Samenreife oder Teilen nach der Blüte.
**Sorte:** Im Handel ist nur die eigentliche Art.
**Hinweis:** Die fleischigen, seesternartigen Wurzeln sind sehr brüchig.

 IX–XI  15 cm 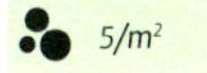 5/m²

## Eremurus × isabellinus

*Isabellen-Steppenkerze*
*Asphodeliaceae, Junkerliliengewächse*

**Heimat:** Gärtnerische Herkunft.
**Wuchsform:** Blütentrieb straff aufrecht, Laub rosettenartig, horstbildend.
**Blatt:** Schmal riemenförmig, graugrün, bis 40 cm lang. Zieht nach der Blüte ein.
**Blüte:** 50 cm lange Trauben mit 1–2 cm breiten Einzelblüten in verschiedenen Farben. V–VI.
**Frucht:** Kugelige Kapsel, 1 cm groß.
**Wuchs-/Blütenhöhe:** 150 cm.
**Standort:** Sonnig, nährstoffreicher, durchlässiger Boden.
**Verwendung:** Einzeln oder in kleinen Gruppen in Beeten und Rabatten sowie im Kiesgarten.
**Vermehrung:** Aussaat nach der Samenreife oder Teilen nach der Blüte.
**Sorte:** 'Ruiter'-Hybriden, z. B. 'Feuerfackel' mit orangeroten, 'Moonlight' mit gelben Blüten.
**Hinweis:** Vielfältige Sortenauswahl.

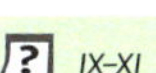 IX–XI  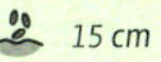 15 cm  3/m²

## Eremurus robustus

*Turkestan-Steppenkerze*
*Asphodeliaceae, Junkerliliengewächse*

**Heimat:** Zentralasien.
**Wuchsform:** Blütentrieb straff aufrecht, Laub büschelig, horstbildend.
**Blatt:** Schmal riemenförmig, blaugrün, bis 120 cm lang.
**Blüte:** Bis 100 cm lange, schmale Trauben mit 4 cm breiten, rosaweißen Einzelblüten. VI–VII.
**Frucht:** Kugelige Kapsel mit kantigen Samen.
**Wuchs-/Blütenhöhe:** 200–250 cm.
**Standort:** Sonnig, nährstoffreicher, durchlässiger Boden.
**Verwendung:** Einzeln oder in kleinen Gruppen in Beeten und Rabatten sowie im Kiesgarten.
**Vermehrung:** Aussaat nach der Samenreife oder Teilen nach der Blüte.
**Sorte:** Im Handel ist nur die eigentliche Art.
**Hinweis:** Die Blätter werden bereits während der Blüte unansehnlich.

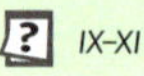
IX–XI
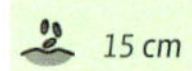
15 cm

5/m²

## Eremurus stenophyllus

*Afghanistan-Steppenkerze*
*Asphodeliaceae, Junkerliliengewächse*

**Heimat:** Zentralasien, Iran.
**Wuchsform:** Blütentrieb straff aufrecht, Laub büschelig, horstbildend.
**Blatt:** Schmal riemenförmig, graugrün, bis 25 cm lang.
**Blüte:** 15–30 cm lange, schmale Trauben mit 2 cm breiten, dunkelgelben Einzelblüten. VI–VII.
**Frucht:** Kugelige Kapsel mit kantigen Samen.
**Wuchs-/Blütenhöhe:** 80–100 cm.
**Standort:** Sonnig, nährstoffreicher, durchlässiger Boden.
**Verwendung:** Einzeln oder in kleinen Gruppen in Beeten und Rabatten sowie im Kiesgarten.
**Vermehrung:** Aussaat nach der Samenreife oder Teilen nach der Blüte.
**Sorte:** Die Unterart *E. s.* subsp. *stenophyllus* (Syn. *E. bungei*) wird 150 cm hoch.
**Hinweis:** Besonders winterharte Art.

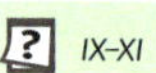
IX–XI
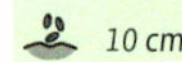
10 cm

25/m²

## Erythronium dens-canis

*Europäischer Hundszahn*
*Liliaceae, Liliengewächse*

**Heimat:** Mittel- und Südeuropa, Nordasien.
**Wuchsform:** Aufrecht, horstbildend. Zieht nach der Blüte ein.
**Blatt:** Elliptisch-länglich, mittelgrün, bis 15 cm lang.
**Blüte:** Nickende, weit geöffnete, zartrosafarbene Kelchblüten mit zurückgeschlagenen Blütenblättern, 3–4 cm breit. III–IV.
**Frucht:** Hellbraune Kapsel.
**Wuchs-/Blütenhöhe:** 10–15 cm.
**Standort:** Halbschattig, frischer, humoser, leicht saurer Boden.
**Verwendung:** Steingärten und am Gehölzrand.
**Vermehrung:** Aussaat nach der Samenreife, Brutzwiebeln im Sommer abnehmen.
**Sorte:** 'Niveum' mit weißen Blüten.
**Hinweis:** Die dünnhäutigen Zwiebeln dürfen nie austrocknen.

 IX–XI 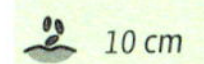 10 cm  25/m²

## Erythronium revolutum

*Rosa Hundszahn*
*Liliaceae, Liliengewächse*

**Heimat:** Westliche USA (Nordkalifornien, Vancouver Island).
**Wuchsform:** Aufrecht, horstbildend. Zieht nach der Blüte ein.
**Blatt:** Elliptisch-länglich, wellig, tiefgrün, stark braun gesprenkelt, bis 20 cm lang.
**Blüte:** Je Spross bis zu 4 zart rosafarbene, 4–7 cm breite, zurückgeschlagene Kelchblüten mit gelben Staubbeuteln. IV–V.
**Frucht:** Kapsel.
**Wuchs-/Blütenhöhe:** 20–30 cm.
**Standort:** Halbschattig, frischer, humoser, leicht saurer Boden.
**Verwendung:** Steingarten und Gehölzrand.
**Vermehrung:** Aussaat nach der Samenreife, Brutzwiebeln im Sommer abnehmen.
**Sorte:** 'Pink Beauty' mit rosafarbenen Blüten.
**Hinweis:** Die Zwiebeln dürfen nie austrocknen.

 IV–V  15 cm 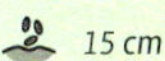  7/m²

## Eucomis bicolor

*Gerandete Schopflilie*
*Hyacinthaceae, Hyazinthengewächse*

**Heimat:** Südafrika, Natal.
**Wuchsform:** Aufrechter Blütentrieb mit halbaufrechtem Blattschopf. Zieht im Herbst ein.
**Blatt:** Breit riemenförmig bis oval, hellgrün mit welligem Rand, bis 40 cm lang.
**Blüte:** Bis 15 cm lange Trauben mit gelbgrünen, braun gerandeten Sternblüten. Oberhalb der Blütentraube steht ein kleiner Blattschopf. VI–IX.
**Frucht:** Kapsel.
**Wuchs-/Blütenhöhe:** 50–60 cm.
**Standort:** Sonnig, nährstoffreicher, durchlässiger Boden.
**Verwendung:** Staudenbeete und Topfkultur.
**Vermehrung:** Abtrennen von Brutzwiebeln im Frühjahr.
**Sorte:** 'Alba' blüht cremeweiß.
**Hinweis:** Nur bedingt frosthart. Die Zwiebel darf nicht austrocknen.

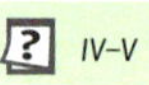 IV–V 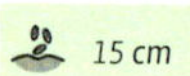 15 cm  7/m²

## Eucomis comosa

*Ananasblume, Gewöhnliche Schopflilie*
*Hyacinthaceae, Hyazinthengewächse*

**Heimat:** Südafrika, Leshoto, Swasiland.
**Wuchsform:** Aufrechter Blütentrieb mit halbaufrechtem Blattschopf. Zieht im Herbst ein.
**Blatt:** Breit riemenförmig, wellig gerandet, hellgrün, bis 70 cm lang.
**Blüte:** 30 cm lange Trauben mit weißen, purpurn gerandeten Sternblüten. VII–IX.
**Frucht:** Kapsel.
**Wuchs-/Blütenhöhe:** 75 cm.
**Standort:** Sonnig, nährstoffreich, durchlässig.
**Verwendung:** In Gruppen in Staudenbeeten, auch für die Topfkultur.
**Vermehrung:** Abtrennen von Brutzwiebeln im Frühjahr.
**Sorte:** 'Sparkling Burgundy' in Rosa mit braunrotem Schopf.
**Hinweis:** Nur bedingt frosthart. Zwiebeln in Sand frostfrei überwintern.

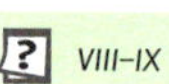 VIII–IX  8 cm  50/m²

## Fritillaria acmopetala

*Spitzkronige Fritillarie*
*Liliaceae, Liliengewächse*

**Heimat:** Östliches Mittelmeergebiet, Kleinasien.
**Wuchsform:** Aufrecht, horstbildend. Zieht nach der Samenreife ein.
**Blatt:** Schmal riemenförmig, blaugrün, bis 20 cm lang.
**Blüte:** Glockig, hängend, hell olivgrün mit purpurner Zeichnung, nach außen zurückgeschlagen, bis 4 cm lang. IV–V.
**Frucht:** Kapsel.
**Wuchs-/Blütenhöhe:** 40 cm.
**Standort:** Sonnig bis halbschattig, nährstoffreicher, tiefgründiger, durchlässiger Boden.
**Verwendung:** Steingarten, Beete und Rabatten.
**Vermehrung:** Aussaat nach der Samenreife oder Abnehmen von Tochterzwiebeln im Spätsommer.
**Sorte:** Im Handel ist nur die eigentliche Art.
**Hinweis:** Die Zwiebeln dürfen nie austrocknen.

 VIII–IX  8 cm 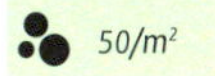 50/m²

## Fritillaria camtschatcensis

*Kamtschatka-Fritillarie*
*Liliaceae, Liliengewächse*

**Heimat:** Nordostasien, nordwestliche USA.
**Wuchsform:** Aufrecht, horstbildend. Zieht nach der Samenreife ein.
**Blatt:** Schmal riemenförmig, glänzend hellgrün, 12 cm lang.
**Blüte:** Bis zu 8 breit glockige, dunkel purpurne bis grünliche, 3 cm breite Blüten. V–VI.
**Frucht:** Kapsel.
**Wuchs-/Blütenhöhe:** 45 cm.
**Standort:** Sonnig bis halbschattig, nährstoffreicher, tiefgründiger, feuchter, aber durchlässiger Boden.
**Verwendung:** In größeren Gruppen auf feuchten Wiesen und am Teichrand.
**Vermehrung:** Aussaat im Herbst (Kaltkeimer), Teilen im Spätsommer.
**Sorte:** Im Handel ist nur die eigentliche Art.
**Hinweis:** Im Sommer nicht zu trocken halten.

 VIII–IX 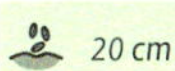 20 cm  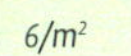 6/m²

## Fritillaria imperialis

*Kaiserkrone*
*Liliaceae, Liliengewächse*

**Heimat:** Afghanistan, Iran, Himalaja.
**Wuchsform:** Aufrecht, horstbildend. Zieht nach der Samenreife ein.
**Blatt:** Breit riemenförmig, hellgrün, bis 20 cm lang, oben mit einem Blattschopf.
**Blüte:** 5–8 hängende, 6 cm lange Glockenblüten in Orange, Rot oder Gelb. IV.
**Frucht:** Aufrechte Kapsel.
**Wuchs-/Blütenhöhe:** 100 cm.
**Standort:** Sonnig bis halbschattig, nährstoffreicher, tiefgründiger, durchlässiger Boden.
**Verwendung:** Traditionelle Bauerngartenpflanze, auch für Staudenbeete.
**Vermehrung:** Aussaat nach der Samenreife und Abnehmen von Tochterzwiebeln im Sommer.
**Sorte:** 'Aurora' blüht orange, 'Lutea Maxima' gelb, 'Rubra Maxima' rot.
**Hinweis:** Die Zwiebeln dürfen nie austrocknen.

 VIII–IX 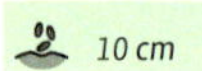 10 cm 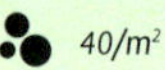 40/m²

## Fritillaria meleagris

*Gewöhnliche Schachbrettblume, Kiebitzei*
*Liliaceae, Liliengewächse*

**Heimat:** Europa, Kaukasus.
**Wuchsform:** Aufrecht, horstbildend, zieht nach der Samenreife ein.
**Blatt:** Grasartig, graugrün, bis 15 cm lang.
**Blüte:** Einzelne oder paarweise angeordnete, 4,5 cm lange Kelchblüten in Weiß oder Purpurrosa mit markantem Schachbrettmuster. IV–V.
**Frucht:** Kapsel.
**Wuchs-/Blütenhöhe:** 30 cm.
**Standort:** Sonnig bis halbschattig, humoser, feuchter Boden.
**Verwendung:** In größeren Gruppen auf feuchten Wiesen und am Teichrand.
**Vermehrung:** Aussaat nach der Samenreife oder Abnehmen von Tochterzwiebeln im Sommer.
**Sorte:** 'Aphrodite' blüht reinweiß, 'Orion' mattrotviolett, 'Purple King' rotviolett.
**Hinweis:** Die Zwiebeln dürfen nie austrocknen.

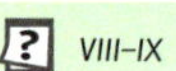 VIII–IX 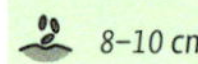 8–10 cm  50/m²

## Fritillaria michailovskyi

*Türkische Schachbrettblume*
*Liliaceae, Liliengewächse*

**Heimat:** Nordosttürkei.
**Wuchsform:** Aufrecht, horstbildend. Zieht nach der Samenreife ein.
**Blatt:** Wechselständig, lanzettlich, mittelgrün, 5–9 cm lang.
**Blüte:** Dolden mit bis zu 7 breit glockigen, braunpurpurnen, außen grünen, bis 3 cm langen Einzelblüten. IV–V.
**Frucht:** Kapsel.
**Wuchs-/Blütenhöhe:** 20 cm.
**Standort:** Sonnig, mäßig nährstoffreicher, sehr gut durchlässiger Boden.
**Verwendung:** Steingärten.
**Vermehrung:** Aussaat im Herbst (Kaltkeimer), Teilen im Spätsommer.
**Sorte:** Im Handel ist nur die eigentliche Art.
**Hinweis:** In der Ruhephase nicht zu feucht halten. Winterschutz empfehlenswert.

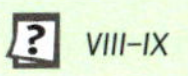 VIII–IX  15 cm 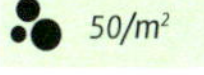 50/m²

## Fritillaria pallidiflora

*Bleiche Kaiserkrone*
*Liliaceae, Liliengewächse*

**Heimat:** Nordwestchina, Ostsibirien.
**Wuchsform:** Aufrecht, horstbildend. Zieht nach der Samenreife ein.
**Blatt:** Breit lanzettlich, bereift, blaugrün, bis 15 cm lang. Stängel beblättert.
**Blüte:** Trauben mit bis zu 10 breit glockigen, nickenden, grünlich gelben, bis 4,5 cm langen Einzelblüten. IV–V.
**Frucht:** Kapsel.
**Wuchs-/Blütenhöhe:** 30–35 cm.
**Standort:** Sonnig, nährstoffreicher, gut durchlässiger Boden.
**Verwendung:** Steingärten, sonnige Rabatten.
**Vermehrung:** Aussaat im Herbst (Kaltkeimer), Teilen im Spätsommer.
**Sorte:** Im Handel ist nur die eigentliche Art.
**Hinweis:** Die Blüten verströmen einen leicht unangenehmen Geruch.

 VIII–IX 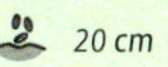 20 cm  16/m²

## Fritillaria persica

*Persische Kaiserkrone*
*Liliaceae, Liliengewächse*

**Heimat:** Südtürkei.
**Wuchsform:** Aufrecht, horstbildend. Zieht nach der Samenreife ein.
**Blatt:** Schmal lanzettlich, graugrün, blau bereift, 10–25 cm lang.
**Blüte:** Aufrechte Trauben mit hängenden, pflaumenfarbenen, 2 cm langen Einzelblüten. IV–V.
**Frucht:** Kapsel.
**Wuchs-/Blütenhöhe:** 100 cm.
**Standort:** Sonnig, im Sommer sehr warm und trocken, humoser, nährstoffreicher, gut durchlässiger Boden.
**Verwendung:** Beete und Rabatten.
**Vermehrung:** Abnehmen von Ablegern oder Pflanzen von Tochterzwiebeln im Spätsommer.
**Sorte:** 'Adyaman' blüht üppiger und wächst bis 150 cm hoch.
**Hinweis:** Zwiebeln auf ein Sandbett pflanzen.

 VIII–XI  15 cm 80/m²

## Fritillaria pontica

*Pontus-Fritillarie*
*Liliaceae, Liliengewächse*

**Heimat:** Nordgriechenland, Nordwesttürkei.
**Wuchsform:** Aufrecht, horstbildend. Zieht nach der Samenreife ein.
**Blatt:** Gegenständig, lanzettlich, graugrün bereift, bis 10 cm lang.
**Blüte:** Einzeln oder paarig stehend, breit glockig, hängend, 4,5 cm lang, blassgrün. IV–V.
**Frucht:** Kapsel.
**Wuchs-/Blütenhöhe:** 20–30 cm.
**Standort:** Sonnig, gut durchlässiger, mäßig nährstoffreicher Boden.
**Verwendung:** Steingärten, Beete und Rabatten.
**Vermehrung:** Aussaat im Herbst (Kaltkeimer), Teilen im Spätsommer.
**Sorte:** Im Handel ist nur die eigentliche Art.
**Hinweis:** Die obersten Blätter stehen in einem Dreierwirtel über den Blüten.

 VIII–X  10 cm 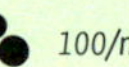 100/m²

## Fritillaria pudica

*Schamhafte Fritillarie*
*Liliaceae, Liliengewächse*

**Heimat:** Westliches Nordamerika (British Columbia bis Kalifornien).
**Wuchsform:** Aufrecht, horstbildend. Zieht nach der Samenreife ein.
**Blatt:** Riemenförmig, glänzend grün, bis 20 cm lang.
**Blüte:** Einzeln oder paarig stehend, schmal glockig, hängend, gelb bis rötlich, 2,5 cm lang. IV–V.
**Frucht:** Kapsel.
**Wuchs-/Blütenhöhe:** 15–20 cm.
**Standort:** Sonnig, eher trockener, sehr gut durchlässiger Boden.
**Verwendung:** Steingärten, Beete und Rabatten.
**Vermehrung:** Aussaat im Herbst (Kaltkeimer), Teilen im Spätsommer.
**Sorte:** ‘Giant’ mit besonders großen, ‘Fragrance’ mit duftenden Blüten.
**Hinweis:** Die schuppigen Zwiebeln sind essbar.

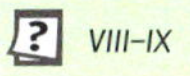
VIII–IX
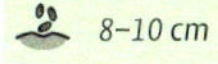
8–10 cm

100/m²

## Fritillaria uva-vulpis

*Fuchstraube, Glockenlilie*
*Liliaceae, Liliengewächse*

**Heimat:** Osttürkei, Nordirak, Westiran.
**Wuchsform:** Aufrecht, horstbildend. Zieht nach der Samenreife ein.
**Blatt:** Riemenförmig, blaugrün, bis 15 cm lang.
**Blüte:** Einzeln oder paarig stehend, schmal glockig, hängend, kastanienbraun mit gelbem Rand. III–IV.
**Frucht:** Kapsel.
**Wuchs-/Blütenhöhe:** 25–30 cm.
**Standort:** Sonnig, eher frischer, aber durchlässiger, nährstoffreicher, kalkfreier Boden.
**Verwendung:** Steingärten, Beete, am Gehölzrand. Auch für die Topfkultur.
**Vermehrung:** Aussaat im Herbst (Kaltkeimer), Teilen im Spätsommer.
**Sorte:** Im Handel auch oft unter dem Namen *F. assyriaca* angeboten.
**Hinweis:** Verbreitet sich durch Selbstaussaat.

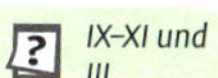
IX–XI und III

5 cm

400/m²

## Galanthus elwesii

*Großblütiges Schneeglöckchen*
*Amaryllidaceae, Amaryllisgewächse*

**Heimat:** Balkan, Westtürkei.
**Wuchsform:** Aufrecht, horstbildend.
**Blatt:** Breit riemenförmig, oft gedreht, bereift, mittelgrün, bis 15 cm lang.
**Blüte:** 2–3 cm lang, nickend, weiß, süß duftend. II–III.
**Frucht:** Grüne, später braune Beere.
**Wuchs-/Blütenhöhe:** 15–20 cm.
**Standort:** Sonnig bis halbschattig, leicht feuchter, aber gut durchlässiger, humoser Boden.
**Verwendung:** Steingärten, Gehölz- und Rabattenränder, zum Verwildern in Rasenflächen.
**Vermehrung:** Aussaat im Mai, Teilen gleich nach der Blüte, Brutzwiebeln im Sommer abnehmen.
**Sorte:** ‘Green Brush’ ist eine Liebhabersorte mit grün gespitzten Blütenblättern.
**Hinweis:** Am besten unmittelbar nach der Blüte teilen.

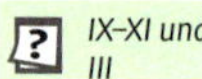
IX–XI und III

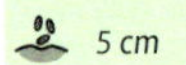
5 cm

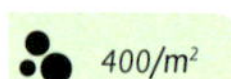
400/m²

## Galanthus ikariae

*Ikaria-Schneeglöckchen*
*Amaryllidaceae, Amaryllisgewächse*

**Heimat:** Ägäis, Türkei.
**Wuchsform:** Aufrecht, horstbildend.
**Blatt:** Breit riemenförmig, hell- bis mittelgrün, glänzend, grundständig, bis 15 cm lang.
**Blüte:** Glockig, nickend, weiß, 1–3 cm lang. II–III.
**Frucht:** Beere.
**Wuchs-/Blütenhöhe:** 5–25 cm.
**Standort:** Halbschattig, feuchter, aber gut durchlässiger, humoser Boden.
**Verwendung:** Als Unterpflanzung von lichten Gehölzen.
**Vermehrung:** Aussaat nach der Samenreife, Teilen gleich nach der Blüte, Brutzwiebeln im Sommer abnehmen.
**Sorte:** Auch unter dem Namen *G. woronowii* im Handel.
**Hinweis:** Verbreitet sich an zusagenden Standorten durch Selbstaussaat.

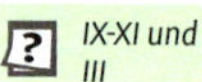
IX–XI und III

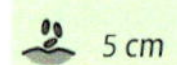
5 cm

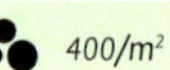
400/m²

## Galanthus nivalis

*Kleines Schneeglöckchen*
*Amaryllidaceae, Amaryllisgewächse*

**Heimat:** Europa bis Südrussland.
**Wuchsform:** Aufrecht, horstbildend.
**Blatt:** Riemenförmig, graugrün, bis 15 cm lang.
**Blüte:** Schmal glockig, nickend, weiß, 2,5 cm lang, süß duftend. II–III.
**Frucht:** Grüne, später braune Beere.
**Wuchs-/Blütenhöhe:** 15 cm.
**Standort:** Sonnig bis halbschattig, leicht feuchter, aber gut durchlässiger, humoser Boden.
**Verwendung:** Steingärten, Gehölz- und Rabattenränder, zum Verwildern in Rasenflächen.
**Vermehrung:** Aussaat im Mai, Teilen gleich nach der Blüte, Brutzwiebeln im Sommer abnehmen.
**Sorte:** 'Atkinsii' ist besonders großblumig, 'Flore Pleno' und 'Lady Elphinstone' blühen gefüllt, 'Viridiapicis' hat grüne Flecken auf den Spitzen der äußeren Blütenblätter.
**Hinweis:** Die Zwiebeln dürfen nie austrocknen.

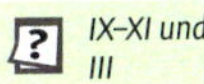 IX–XI und III

 5 cm

 400/m²

## Galanthus plicatus

*Clusius-Schneeglöckchen*
*Amaryllidaceae, Amaryllisgewächse*

**Heimat:** Ukraine (Krim), Rumänien, Nordtürkei.
**Wuchsform:** Aufrecht, horstbildend.
**Blatt:** Breit riemenförmig, stumpf blaugrün, grundständig, bis 18 cm lang.
**Blüte:** Schmal glockig, nickend, weiß, 2–3 cm lang. II–IV.
**Frucht:** Beere.
**Wuchs-/Blütenhöhe:** 15–20 cm.
**Standort:** Halbschattig, frischer, durchlässiger, humoser Boden.
**Verwendung:** Steingärten, am Rand von Rabatten und Gehölzen.
**Vermehrung:** Aussaat nach der Samenreife, Teilen gleich nach der Blüte, Brutzwiebeln im Sommer abnehmen.
**Sorte:** 'Cordelia' blüht gefüllt, 'Warham' mit blau gestreiften Blättern und großen Blüten.
**Hinweis:** Auch zum Verwildern geeignet.

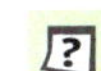 IX–XI

10 cm

25/m²

## Galtonia candicans

*Sommerhyazinthe*
*Hyacinthaceae, Hyazinthengewächse*

**Heimat:** Südafrika, Leshoto.
**Wuchsform:** Halbaufrecht, Blütentrieb straff aufrecht, horstbildend.
**Blatt:** Riemenförmig, graugrün, 50–100 cm lang.
**Blüte:** Schlanke Trauben mit bis zu 30 hängenden, weißen, an der Basis grün getönten, bis 5 cm langen Trichterblüten. Duftend. VII–VIII.
**Frucht:** Kapsel.
**Wuchs-/Blütenhöhe:** 100 cm.
**Standort:** Sonnig, frischer, gut durchlässiger Boden.
**Verwendung:** Staudenbeete und Rabatten.
**Vermehrung:** Aussaat nach der Samenreife, Brutzwiebeln im zeitigen Frühjahr abnehmen.
**Sorte:** Auch unter dem Namen *Ornithogalum candicans* im Handel.
**Hinweis:** Im Winter vor Nässe und strengen Frösten schützen.

 IX–XI 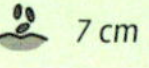 7 cm  11/m²

## Geranium tuberosum

*Knolliger Storchschnabel*
*Geraniaceae, Storchschnabelgewächse*

**Heimat:** Mittelmeergebiet.
**Wuchsform:** Buschig, horstbildend. Zieht im Sommer ein.
**Blatt:** Mittelgrüne Grundblätter, 5–10 cm breit, in 7 schmale, gelappte Blättchen unterteilt.
**Blüte:** Dolden mit flach becherförmigen, 2–3 cm breiten, rosavioletten Einzelblüten. V–VI.
**Frucht:** Lang gestielte Spaltfrucht, öffnet sich bei Reife explosionsartig.
**Wuchs-/Blütenhöhe:** Bis 25 cm.
**Standort:** Halbschattig, humoser, frischer, durchlässiger Boden.
**Verwendung:** Steingärten, Beete und Rabatten sowie am Gehölzrand.
**Vermehrung:** Aussaat nach der Samenreife, Teilen in der Ruhezeit im Sommer.
**Sorte:** Im Handel ist nur die eigentliche Art.
**Hinweis:** Verwildert durch Selbstaussaat.

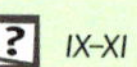 IX–XI  10 cm  100/m²

## Gladiolus communis subsp. byzantinus

*Byzantinische Siegwurz*
*Iridaceae, Schwertliliengewächse*

**Heimat:** Spanien, Nordwestafrika, Sizilien.
**Wuchsform:** Aufrecht, horstbildend.
**Blatt:** Schmal riemenförmig, mittelgrün, bis 70 cm lang.
**Blüte:** Ähren mit bis zu 20 trichterförmigen, 5 cm breiten, magentaroten Einzelblüten. VI–VII.
**Frucht:** Kapsel.
**Wuchs-/Blütenhöhe:** Bis 100 cm.
**Standort:** Sonnig, durchlässiger, mäßig nährstoffreicher, eher trockener Boden.
**Verwendung:** Wiesenpflanzungen, naturhafte Rabatten.
**Vermehrung:** Aussaat nach der Samenreife, Abnehmen von Rhizomknollen in der Ruhezeit.
**Sorte:** Im Handel ist nur die eigentliche Art.
**Hinweis:** In rauen Lagen Winterschutz. Ausbreitung durch Selbstaussaat.

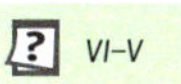 VI–V 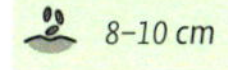 8–10 cm 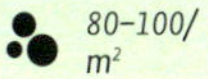 80–100/ m²

## Gladiolus murielae

*Stern-Gladiole*
*Iridaceae, Schwertliliengewächse*

**Heimat:** Ostafrika (Eritrea bis Mosambik).
**Wuchsform:** Aufrecht bis leicht überhängend.
**Blatt:** Schmal schwertförmig, mittelgrün, bis 60 cm lang.
**Blüte:** Lockere Ähren mit bis zu 10 nickenden, weißen, duftenden Trichterblüten mit rotbraunem Schlund. VIII–X.
**Frucht:** Kapsel.
**Wuchs-/Blütenhöhe:** 70–100 cm.
**Standort:** Sonnig und geschützt, nährstoffreicher, humoser, durchlässiger Boden.
**Verwendung:** Staudenbeete und Kübel.
**Vermehrung:** Abnehmen von Rhizomknollen in der Ruhezeit.
**Sorte:** Auch unter dem alten Namen *Gladiolus callianthus* 'Murielae' im Handel.
**Hinweis:** Die Blüten verströmen vor allem gegen Abend einen angenehmen Duft.

 III–VI  10 cm  80–100/ m²

## Gladiolus-Sorten

*Gladiolen-Hybriden*
*Iridaceae, Schwertlilengewächse*

**Heimat:** Gärtnerische Herkunft.
**Wuchsform:** Aufrecht, fächerförmig, horstbildend.
**Blatt:** Schmal schwertförmig, mittel- bis dunkelgrün, bis 60 cm lang.
**Blüte:** Ähren mit offen trichterförmigen, bis 13 cm breiten Einzelblüten in zahlreichen Farben und Formen, auch gefüllt. VI–IX.
**Frucht:** Kapsel.
**Wuchs-/Blütenhöhe:** 50–130 cm.
**Standort:** Sonnig, vor Wind geschützt, humoser, durchlässiger Boden.
**Verwendung:** In Gruppen für Beete und Rabatten. Gute Schnittblume.
**Vermehrung:** Teilen in der Ruhezeit.
**Sorte:** Bis heute über 10 000 bekannte Hybriden, z. B. 'Pink Lady' (lachsrosa, bis 130 cm hoch).
**Hinweis:** Knollen frostfrei überwintern.

 IX–XI 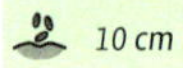 10 cm  45/m²

## Hermodactylus tuberosus

*Wolfsschwertel, Schlangenkopfiris*
*Iridaceae, Schwertliliengewächase*

**Heimat:** Südostfrankreich bis Nordafrika, Israel und Türkei.
**Wuchsform:** Aufrecht, horstbildend. Zieht im Sommer ein.
**Blatt:** Riemenförmig, blaugrün, bis 50 cm lang.
**Blüte:** Einzeln stehend, grünlich gelb, 5 cm breit. Duftend. V–VI.
**Frucht:** Kapsel.
**Wuchs-/Blütenhöhe:** 25–30 cm.
**Standort:** Sonnig, mäßig nährstoffreicher, kalkhaltiger, gut durchlässiger Boden.
**Verwendung:** Beete und Rabatten, auch zum Verwildern sowie für die Topfkultur.
**Vermehrung:** Teilen im Sommer.
**Sorte:** Auch unter dem Namen *Iris tuberosa* im Handel.
**Hinweis:** Die Blätter erscheinen im Herbst und überwintern. Winterschutz empfohlen.

 VIII  0 cm  11/m²

## Hippeastrum-Sorten

*Ritterstern, Amaryllis*
*Amaryllidaceae, Amaryllisgewächse*

**Heimat:** Gärtnerische Herkunft. Arten aus Südamerika.
**Wuchsform:** Aufrecht. Zieht im Sommer ein.
**Blatt:** Riemenförmig, mittelgrün, bis 45 cm lang.
**Blüte:** Pro Schaft bis zu 4 Blüten. Trichterförmig, bis 20 cm breit, in Weiß, Rot-, Orange- und (seltener) Gelbtönen. IX–IV.
**Frucht:** Kapsel.
**Wuchs-/Blütenhöhe:** 50–80 cm.
**Standort:** Hell, aber nicht sonnig, nährstoffreiches, durchlässiges Substrat.
**Verwendung:** Für die Topfkultur im Zimmer, im Sommer im Freiland.
**Vermehrung:** Abnehmen von Brutzwiebeln im Herbst, Aussaat nach der Samenreife unter Glas.
**Sorte:** ‘Minerva’ blüht rot-weiß gestreift.
**Hinweis:** Die Zwiebel muss zur Hälfte aus der Erde ragen. Nicht frosthart.

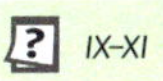 IX–XI  8 cm  400/m²

## Hyacinthoides hispanica

*Spanisches Hasenglöckchen*
*Hyacinthaceae, Hyazinthengewächse*

**Heimat:** Südwesteuropa (Spanien, Portugal).
**Wuchsform:** Aufrecht, Laub überhängend, horstbildend, zieht nach der Blüte ein.
**Blatt:** Riemenförmig, glänzend, dunkelgrün, grundständig, 20–60 cm lang.
**Blüte:** Trauben mit bis zu 15 aufrechten, glockigen, blauen, 2 cm langen Einzelblüten. IV–V.
**Frucht:** Rundliche Kapsel.
**Wuchs-/Blütenhöhe:** 40 cm.
**Standort:** Halbschattig, frischer, durchlässiger, humoser Boden.
**Verwendung:** Wiesen, am Gehölzrand und Beete mit spät austreibenden Stauden.
**Vermehrung:** Aussaat nach der Samenreife, Teilen im Sommer.
**Sorte:** 'Blue Queen' mit gestreiften Blüten, 'Rosabella' blüht rosa, 'White Triumphator' weiß.
**Hinweis:** Zuverlässige Selbstaussaat.

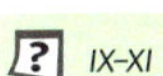 IX–XI  8 cm  400/m²

## Hyacinthoides non-scripta

*Atlantisches Hasenglöckchen*
*Hyacinthaceae, Hyazinthengewächse*

**Heimat:** Westeuropa von Portugal bis Großbritannien.
**Wuchsform:** Aufrecht, Laub abgespreizt, horstbildend.
**Blatt:** Riemenförmig, dunkelgrün, bis 45 cm lang.
**Blüte:** Leicht übergeneigter Stiel mit bis zu 12 blauen, 1,5–2 cm langen Glockenblüten. IV–V.
**Frucht:** Rundliche Kapsel.
**Wuchs-/Blütenhöhe:** 40 cm.
**Standort:** Halbschattig, frischer, durchlässiger, humoser Boden.
**Verwendung:** Wiesen, am Gehölzrand und Beete mit spät austreibenden Stauden.
**Vermehrung:** Aussaat, Teilen im Sommer.
**Sorte:** 'Alba' mit reinweißen Blüten.
**Hinweis:** Zuverlässige Selbstaussaat.

 IX–XI | 10 cm |  80/m²

## Hyacinthus orientalis

*Hyazinthe*
*Hyacinthaceae, Hyazinthengewächse*

**Heimat:** West- und Südtürkei, Syrien, Libanon.
**Wuchsform:** Aufrecht, trichterförmig.
**Blatt:** Riemenförmig, steif, fleischig, glänzend, mittelgrün, grundständig, bis 35 cm lang.
**Blüte:** Aufrechte Trauben mit bis zu 40 glockigen, wachsigen, 2–3,5 cm langen Einzelblüten. Stark duftend. IV–V.
**Frucht:** Rundliche Kapsel.
**Wuchs-/Blütenhöhe:** 20–30 cm.
**Standort:** Sonnig bis halbschattig, humoser, durchlässiger Boden.
**Verwendung:** Steingärten, Rabatten, Beete, Schalen und für die Treiberei.
**Vermehrung:** Teilen im Sommer.
**Sorte:** 'Amethyst' blüht blauviolett, 'Carnegie' weiß, 'Fondant' rosa, 'Jan Bos' dunkelrot und 'Gipsy Princess' intensiv gelb.
**Hinweis:** Ältere Pflanzen blühen spärlicher.

IX–XI | 8 cm | 100/m²

## Ipheion uniflorum

*Frühlingsstern, Sternblume*
*Alliaceae, Lauchgewächse*

**Heimat:** Argentinien, Uruguay.
**Wuchsform:** Halbaufrecht, gruppenbildend.
**Blatt:** Schmal riemenförmig, hell blaugrün, bis 25 cm lang.
**Blüte:** Einzeln stehend, sternförmig, 2–3 cm breit, weißlich lila, unterseits grünlich. IV–V.
**Frucht:** Zylindrische Kapseln.
**Wuchs-/Blütenhöhe:** 15–20 cm.
**Standort:** Sonnig bis halbschattig, mäßig fruchtbarer, feuchter, durchlässiger Boden.
**Verwendung:** Steingärten, als Unterpflanzung hoher Stauden.
**Vermehrung:** Aussaat nach Samenreife oder Teilen im Sommer.
**Sorte:** 'Rolf Fiedler' blüht leuchtend blau, 'White Star' reinweiß und 'Wisley Blue' himmelblau.
**Hinweis:** Die Blätter erscheinen bereits im Herbst. Winterschutz empfehlenswert.

 V 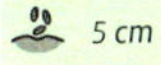 5 cm 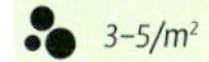 3–5/m²

## Ipomoea batatas

*Süßkartoffel, Knollenwinde*
*Convolvulaceae, Windengewächse*

**Heimat:** Mittelamerika.
**Wuchsform:** Buschig, halbaufrecht bis hängend.
**Blatt:** Gelappt oder herz- bis pfeilförmig, in stumpfen Grün-, Bronze- und Purpurtönen.
**Blüte:** Selten. Einzeln stehend, trichterförmig, weißlich lila, bis 7 cm lang. VIII–IX.
**Frucht:** Kapsel.
**Wuchs-/Blütenhöhe:** 40–80 cm.
**Standort:** Sonnig bis halbschattig, fruchtbarer, feuchter, aber nicht staunasser Boden.
**Verwendung:** Strukturpflanze für Balkonkästen, Ampeln, Sommerblumenrabatten.
**Vermehrung:** Teilen im zeitigen Frühjahr.
**Sorte:** 'Marguerite' mit hellgrünen, spitz herzförmigen Blättern, 'Sweet Caroline Purple' mit braunroten Blättern, jeweils 40 cm lang.
**Hinweis:** Wird meist einjährig kultiviert.
Nicht frrosthart

 III und VIII–XI 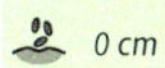 0 cm 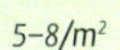 5–8/m²

## Iris Barbata-Elatior-Gruppe

*Hohe Schwertlilie*
*Iridaceae, Schwertliliengewächse*

**Heimat:** Gärtnerische Herkunft.
**Wuchsform:** Aufrecht, dicke Rhizome bildend, Stängel steif, verzweigt.
**Blatt:** Schwertförmig, spitz, blassgrün, fächerförmig angeordnet, bis 35 cm lang.
**Blüte:** Blütenblätter in 2 Kreisen, je 3 Dom- und Hängeblätter, Letztere mit Bartstreif. 10–15 cm groß, in vielen Farbkombinationen. VI.
**Frucht:** Fleischige Kapsel.
**Wuchs-/Blütenhöhe:** 70–100 cm.
**Standort:** Sonnig, eher trocken, durchlässiger, leicht kalkhaltiger Boden.
**Verwendung:** Kiesgärten, Beete und Rabatten. Gute Schnittblume.
**Vermehrung:** Teilen der Rhizome nach der Blüte.
**Sorte:** Jährlich Hunderte neue Sorten.
**Hinweis:** Verträgt keine Winternässe.

 III und VIII–XI  0 cm 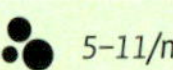 5–11/m²

## Iris Barbata-Intermedia-Gruppe

*Mittelhohe Schwertlilie*
*Iridaceae, Schwertliliengewächse*

**Heimat:** Gärtnerische Herkunft.
**Wuchsform:** Aufrecht, dicke Rhizome bildend, Stängel steif, verzweigt.
**Blatt:** Schwertförmig, spitz, blassgrün, fächerförmig angeordnet, bis 25 cm lang.
**Blüte:** Blütenblätter in 2 Kreisen, je 3 Dom- und Hängeblätter, Letztere mit Bartstreif. 10–15 cm groß, in vielen Farbkombinationen. V–VI.
**Frucht:** Fleischige Kapsel.
**Wuchs-/Blütenhöhe:** 50–70 cm.
**Standort:** Sonnig, eher trocken, durchlässiger, leicht kalkiger Boden.
**Verwendung:** Kiesgärten, Beete und Rabatten. Gute Schnittblume.
**Vermehrung:** Teilen der Rhizome nach der Blüte.
**Sorte:** Jährlich Hunderte neue Sorten.
**Hinweis:** Verträgt keine Winternässe.

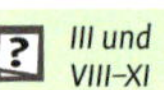 III und VIII–XI  0 cm 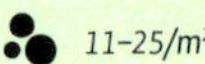 11–25/m²

## Iris Barbata-Nana-Gruppe

*Niedere Schwertlilie*
*Iridaceae, Schwertliliengewächse*

**Heimat:** Gärtnerische Herkunft.
**Wuchsform:** Aufrecht, dicke Rhizome bildend, Stängel steif, verzweigt.
**Blatt:** Schwertförmig, spitz, blassgrün, fächerförmig angeordnet, bis 15 cm lang.
**Blüte:** Blütenblätter in 2 Kreisen, je 3 Dom- und Hängeblätter, Letztere mit Bartstreif. 10–15 cm groß, in vielen Farbkombinationen. VI–V.
**Frucht:** Fleischige Kapsel.
**Wuchs-/Blütenhöhe:** 15–40 cm.
**Standort:** Sonnig, eher trocken, durchlässiger, leicht kalkiger Boden.
**Verwendung:** Stein- und Kiesgärten, im Vordergrund von Beeten und Rabatten, Dachbegrünung.
**Vermehrung:** Teilen der Rhizome nach der Blüte.
**Sorte:** Jährlich Hunderte neue Sorten.
**Hinweis:** Verträgt keine Winternässe.

 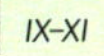 IX–XI  8 cm  65/m²

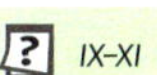  IX–XI  8 cm 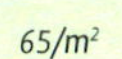 65/m²

## Iris bucharica

*Geweih-Iris*
*Iridaceae, Schwertliliengewächse*

**Heimat:** Zentralasien, Afghanistan.
**Wuchsform:** Aufrecht, zwiebel- und horstbildend.
**Blatt:** Sichelförmig, grundständig, hellgrün, glänzend, bis 20 cm lang.
**Blüte:** Pro Knolle bis zu 6 Blüten, 4–6 cm breit, goldgelb bis weiß, mit gelbem Fleck auf den Hängeblättern. III–IV.
**Frucht:** Kapsel. Die Samen haben ein Anhängsel.
**Wuchs-/Blütenhöhe:** 20–40 cm.
**Standort:** Sonnig, gut durchlässiger, mäßig fruchtbarer Boden.
**Verwendung:** Steingärten, am Rand sonniger Rabatten, Tröge.
**Vermehrung:** Aussaat nach Samenreife oder Teilen im Sommer.
**Sorte:** Im Handel ist nur die eigentliche Art.
**Hinweis:** Sämlinge blühen nach 5 Jahren.

## Iris danfordiae

*Danford-Schwertlilie*
*Iridaceae, Schwertliliengewächse*

**Heimat:** Türkei.
**Wuchsform:** Aufrecht, zwiebel- und horstbildend.
**Blatt:** Schmal riemenförmig, kantig, grundständig, 10–15 cm lang.
**Blüte:** Einzeln stehend, 5 cm breit, zitronengelb mit grünen Flecken. II–III.
**Frucht:** Kapsel.
**Wuchs-/Blütenhöhe:** 8–15 cm.
**Standort:** Sonnig, mäßig fruchtbarer, gut durchlässiger Boden.
**Verwendung:** Steingärten, für die Treiberei.
**Vermehrung:** Aussaat nach der Samenreife oder Teilen im Sommer.
**Sorte:** Im Handel ist nur die eigentliche Art.
**Hinweis:** Die Blätter wachsen nach der Blüte bis auf 20 cm Länge.

 VIII–XI 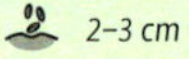 2–3 cm  12/m²

## Iris graminea

*Grasblättrige Schwertlilie, Pflaumenduft-Iris*
*Iridaceae, Schwertliliengewächse*

**Heimat:** Nordostspanien bis Westrussland, Kaukasus.
**Wuchsform:** Aufrecht, mit fleischigem Rhizom, horstbildend.
**Blatt:** Schmal riemenförmig, grasartig, sattgrün, bis 30 cm lang.
**Blüte:** Meist einzeln stehend, purpurviolett, Hängeblätter dunkler geädert und weiß gespitzt, 7 cm breit. V–VI.
**Frucht:** Kapsel.
**Wuchs-/Blütenhöhe:** 30–40 cm.
**Standort:** Sonnig, durchlässiger Boden.
**Verwendung:** Auf kiesigen Freiflächen, in Steingärten und auf Mauerkronen.
**Vermehrung:** Teilen nach der Blüte.
**Sorte:** Im Handel ist nur die eigentliche Art.
**Hinweis:** Die Blüten duften nach Pflaumen.

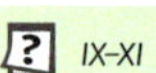 IX–XI  8 cm 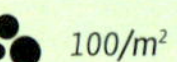 100/m²

## Iris histrioides

*Kleine Zwerg-Schwertlilie*
*Iridaceae, Schwertliliengewächse*

**Heimat:** Türkei.
**Wuchsform:** Aufrecht, zwiebel- und horstbildend.
**Blatt:** Schmal riemenförmig, kantig, mittelgrün, grundständig, 10–20 cm lang.
**Blüte:** Pro Knolle 1–2 blaue, bis 7 cm breite Blüten, Hängeblätter gepunktet. II–III.
**Frucht:** Kapsel.
**Wuchs-/Blütenhöhe:** 10–15 cm.
**Standort:** Sonnig, gut durchlässiger, mäßig fruchtbarer Boden.
**Verwendung:** Steingärten, Topfkultur und Treiberei.
**Vermehrung:** Aussaat oder Teilen im Sommer.
**Sorte:** 'Major' blüht tiefblau, 'Katherine Hodgkin' lichtblau mit grüngelber Zeichnung.
**Hinweis:** Die Blätter erscheinen erst nach der Blüte.

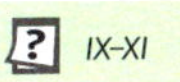 IX–XI 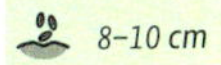 8–10 cm 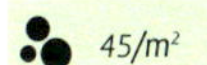 45/m²

## Iris × hollandica

*Holländische Iris*
*Iridaceae, Schwertliliengewächse*

**Heimat:** Gärtnerische Herkunft, Kreuzung aus *I. latifolia* × *I. tingitana* × *I. xiphium*.
**Wuchsform:** Aufrecht, zwiebel- und horstbildend.
**Blatt:** Schmal riemenförmig, fleischig, mittelgrün, grundständig, bis 40 cm lang.
**Blüte:** Einzeln stehend, 10–12 cm breit, je 3 schmale Domblätter und breitere Hängeblätter, in verschiedenen Farben, mit orangegelber Zunge auf den Hängeblättern. VI–VII.
**Frucht:** Kapsel.
**Wuchs-/Blütenhöhe:** Bis 80 cm.
**Standort:** Sonnig, durchlässiger Boden.
**Verwendung:** Staudenbeete. Gute Schnittblume.
**Vermehrung:** Teilen im Frühjahr oder Sommer.
**Sorte:** 'Prof. Blaauw' blüht violettblau, 'Golden Harvest' goldgelb, 'White Excelsior' reinweiß.
**Hinweis:** Winterschutz empfehlenswert.

 VIII–XI  2–3 cm  7–12/m²

## Iris hoogiana

*Hoog-Schwertlilie*
*Iridaceae, Schwertliliengewächse*

**Heimat:** Tadschikistan (Pamir).
**Wuchsform:** Aufrecht, mit fleischigem Rhizom, horstbildend.
**Blatt:** Schwertförmig, mittelgrün, purpurn getönt, bis 50 cm lang.
**Blüte:** Pro Spross 2–3. Zart lavendelblau, orangegelber Bart, 7–10 cm breit, duftend. V–VI.
**Frucht:** Kapsel.
**Wuchs-/Blütenhöhe:** 40–60 cm.
**Standort:** Sonnig, gut durchlässiger, mäßig nährstoffreicher, leicht kalkhaltiger Boden.
**Verwendung:** Beete und Rabatten.
**Vermehrung:** Teilen der Rhizome nach der Blüte.
**Sorte:** Im Handel ist nur die eigentliche Art.
**Hinweis:** Seltene, aber qualitativ hochwertige Liebhaberart.

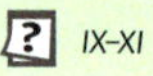 IX–XI 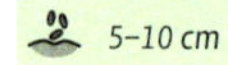 5–10 cm 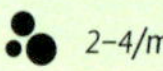 2–4/m²

## Iris pseudacorus

*Sumpf-Schwertlilie*
*Iridaceae, Schwertliliengewächse*

**Heimat:** Europa, Vorderasien bis Sibirien, Nordafrika.
**Wuchsform:** Aufrecht bis überhängend, rhizom- und horstbildend.
**Blatt:** Schwertförmig, rippig, hell graugrün, teils überhängend, bis 90 cm lang.
**Blüte:** Kleine Dom- und breite Hängeblätter, gelb, 7–10 cm breit. VI–VII.
**Frucht:** Kapsel mit zahlreichen braunen Samen.
**Wuchs-/Blütenhöhe:** 80–120 cm.
**Standort:** Sonnig, feuchter Boden.
**Verwendung:** Am Rand von Teichen, Sumpfbeete. Heilpflanze.
**Vermehrung:** Aussaat nach Samenreife oder Teilen der Rhizome nach der Blüte.
**Sorte:** 'Compacta' wird nur 90 cm hoch, 'Beuron' hat größere Blüten, 'Alba' blüht weiß.
**Hinweis:** Verträgt Wassertiefen bis 20 cm.

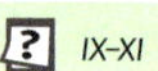 IX–XI  8 cm 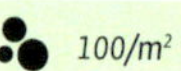 100/m²

## Iris reticulata

*Kleine Netzblatt-Iris*
*Iridaceae, Schwertliliengewächse*

**Heimat:** Kaukasus, Kleinasien, Nordiran.
**Wuchsform:** Aufrecht, zwiebel- und horstbildend.
**Blatt:** Schmal riemenförmig, kantig, mittelgrün, grundständig, bis 10 cm lang.
**Blüte:** Einzeln stehend, blass violettblau bis purpurrot mit gelbem Wulst auf den Hängeblättern, 6–8 cm breit. II–III.
**Frucht:** Kapsel.
**Wuchs-/Blütenhöhe:** 10–15 cm.
**Standort:** Sonnig, mäßig fruchtbarer, gut durchlässiger Boden.
**Verwendung:** Massenblüher für Steingärten.
**Vermehrung:** Aussaat nach der Samenreife, Teilen im Sommer.
**Sorte:** 'Cantab' mit blassblauen Blüten, 'J. S. Dijt' blüht rötlich purpurn.
**Hinweis:** Nach dem Teilen verzögerte Blüte.

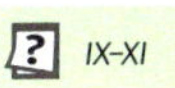 IX–XI  8 cm 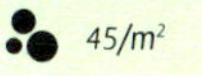 45/m²

## Iris xiphium

*Spanische Iris*
*Iridaceae, Schwertliliengewächse*

**Heimat:** Südeuropa, Nordafrika.
**Wuchsform:** Aufrecht, zwiebel- und horstbildend.
**Blatt:** Schmal riemenförmig, mittelgrün, grundständig, 20–70 cm lang.
**Blüte:** Pro Stiel 2 blauviolette, selten gelbe oder weiße, bis 12 cm breite Blüten. VI–VII.
**Frucht:** Kapsel.
**Wuchs-/Blütenhöhe:** 40–60 cm.
**Standort:** Sonnig, humoser, gut durchlässiger Boden.
**Verwendung:** Beete und Rabatten.
**Vermehrung:** Teilen nach der Blüte.
**Sorte:** 'Carmen Beauty' blüht lavendelblau mit weißen Hängeblättern.
**Hinweis:** Die Art ist nur bedingt winterhart (Winterschutz erforderlich) und eine der Elternarten der Holländischen Iris.

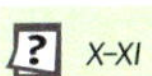 X–XI 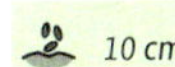 10 cm  45/m²

## Ixiolirion tataricum

*Berg-Blaulilie*
*Ixioliriaceae, Ixliliengewächse*

**Heimat:** Naher Osten, Südwestasien bis Kaschmir.
**Wuchsform:** Aufrecht, horstbildend.
**Blatt:** Schmal riemenförmig, fast grasartig, grundständig, bis 60 cm lang, überhängend.
**Blüte:** Trauben mit bis zu 10 trichterförmigen, dunkelblauen, 3–5 cm langen Einzelblüten. VI.
**Frucht:** Kapsel mit zahlreichen kantigen, schwarzen Samen.
**Wuchs-/Blütenhöhe:** 40 cm.
**Standort:** Sonnig, humoser, gut durchlässiger Boden.
**Verwendung:** Steingarten und sonnige Beete. Auch für Kübel. Gute Schnittblume.
**Vermehrung:** Aussaat bei Samenreife oder Brutzwiebeln nach der Blüte abnehmen.
**Sorte:** Syn. *Ixiolirion montanum* und *I. pallasii*.
**Hinweis:** Winterschutz empfehlenswert.

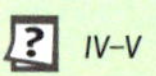 IV–V 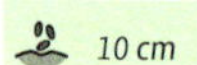 10 cm 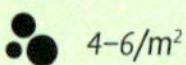 4–6/m²

## Kniphofia triangularis

*Orangefarbene Fackellilie*
*Asphodeliaceae, Junkerliliengewächse*

**Heimat:** Südafrika.
**Wuchsform:** Straff aufrecht, Blätter überhängend, horstbildend.
**Blatt:** Schmal riemenförmig, immergrün.
**Blüte:** Dichte Trauben mit 2,5–3,5 cm langen, röhrigen, rötlich orangefarbenen Blüten, die am Schlund heller werden. VIII–X.
**Frucht:** Kapsel.
**Wuchs-/Blütenhöhe:** 60–90 cm.
**Standort:** Vollsonnig, nährstoffreicher, humoser, gut durchlässiger Boden.
**Verwendung:** Rabatten, Steppen-, Stein- und Kiesgärten. Auch für Kübel. Gute Schnittblume.
**Vermehrung:** Teilen älterer Horste im Spätfrühjahr.
**Sorte:** Syn. *K. galpinii.*
**Hinweis:** Alle Pflanzenteile sind giftig! Kontakt kann zu Hautreizungen führen.

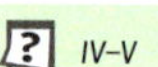 IV–V  10 cm 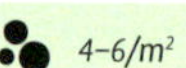 4–6/m²

## Kniphofia-Sorten

*Fackellilie, Tritome*
*Asphodeliaceae, Junkerliliengewächse*

**Heimat:** Gärtnerische Herkunft.
**Wuchsform:** Straff aufrecht, Blätter überhängend, horstbildend.
**Blatt:** Riemenförmig, gekielt, büschelig angeordnet, wintergrün, bis 100 cm.
**Blüte:** 15–30 cm lange Ähren mit röhrigen, 2–4 cm langen Einzelblüten in Orange oder Gelb. VII–IX.
**Frucht:** Kugelige Kapsel.
**Wuchs-/Blütenhöhe:** 50–120 cm.
**Standort:** Vollsonnig, nährstoffreicher, humoser, gut durchlässiger Boden.
**Verwendung:** Rabatten, Steppen- und Kiesgärten. Auch für Kübel. Gute Schnittblume.
**Vermehrung:** Teilen im Spätfrühjahr.
**Sorte:** 'Canary' blüht goldgelb, 'Prince Igor' orange, 'Royal Standard' gelb mit orangerot.
**Hinweis:** Vor Barfrösten und Nässe schützen.

 IX–XI 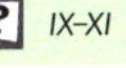 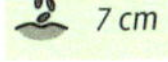 7 cm  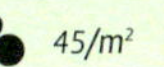 45/m²

## Leucojum aestivum

*Sommer-Knotenblume*
*Amaryllidaceae, Amaryllisgewächse*

**Heimat:** Mitteleuropa, Türkei, Krim, Kaukasus.
**Wuchsform:** Aufrecht, horstbildend. Zieht nach der Blüte ein.
**Blatt:** Schmal riemenförmig, grundständig, glänzend dunkelgrün, bis 40 cm lang.
**Blüte:** Pro Stiel bis zu 8 hängende, glockige, bis 2 cm breite, weiße Einzelblüten mit grünen Spitzen. IV–V.
**Frucht:** Hängende Beere, wird selten ausgebildet.
**Wuchs-/Blütenhöhe:** 45–60 cm.
**Standort:** Sonnig bis halbschattig, humoser, feuchter, aber durchlässiger Boden.
**Verwendung:** Feuchte Wiesen und am Wasser.
**Vermehrung:** Aussaat im Herbst oder Tochterzwiebeln im Sommer abnehmen.
**Sorte:** 'Gravetyre Giant' wird 90 cm hoch.
**Hinweis:** Die Zwiebeln dürfen nie austrocknen.

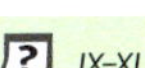 IX–XI  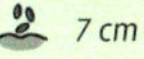 7 cm  100/m²

## Leucojum vernum

*Frühlings-Knotenblume, Märzenbecher*
*Amaryllidaceae, Amaryllisgewächse*

**Heimat:** Süd- und Osteuropa.
**Wuchsform:** Aufrecht, horstbildend.
**Blatt:** Riemenförmig, grundständig, glänzend dunkelgrün, bis 25 cm lang.
**Blüte:** Je Stiel 1–2 hängende, glockige, 2,5 cm breite, weiße Blüten mit gelbgrünen Spitzen. III–IV.
**Frucht:** Hängende Beere, selten ausgebildet.
**Wuchs-/Blütenhöhe:** 20 cm.
**Standort:** Sonnig bis halbschattig, humoser, feuchter, aber durchlässiger Boden.
**Verwendung:** Steingärten, am Rand von Beeten, Rabatten und am Gehölzrand.
**Vermehrung:** Aussaat im Herbst oder Tochterzwiebeln im Sommer abnehmen.
**Sorte:** *Leucojum vernum* var. *wagneri* ist kräftig und blüht früh mit 2 Blüten pro Stiel.
**Hinweis:** Die Zwiebeln dürfen nie austrocknen.

 IX–XI 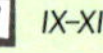 7 cm   16/m²

## Liatris spicata

*Ährige Prachtscharte*
*Asteraceae, Korbblütler, Asterngewächse*

**Heimat:** Östliches und südliches Nordamerika.
**Wuchsform:** Straff aufrecht, horstbildend.
**Blatt:** Schmal riemenförmig, büschelig grundständig, 30–40 cm lang.
**Blüte:** Kolbenförmige Ähre mit 1 cm breiten, körbchenförmigen, helllilafarbenen Einzelblüten. VII–X.
**Frucht:** Körbchen mit einzelnen Samen.
**Wuchs-/Blütenhöhe:** 40–90 cm.
**Standort:** Sonnig, durchlässiger Boden.
**Verwendung:** In kleinen Gruppen in Staudenbeeten. Gute Schnittblume.
**Vermehrung:** Aussaat im Herbst oder Teilen im Frühjahr.
**Sorte:** 'Kobold' wächst 40 cm hoch, blüht lila, 'Floristan Weiß' 90 cm und blüht weiß.
**Hinweis:** Die Blüten an der Ähre öffnen sich von oben nach unten.

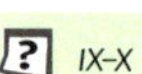 IX–X  15 cm  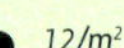 12/m²

## Lilium Asiaticum-Gruppe

*Asiatische Lilien-Hybriden*
*Liliaceae, Liliengewächse*

**Heimat:** Gärtnerischer Herkunft.
**Wuchsform:** Aufrecht, horstbildend.
**Blatt:** Kurz gestielt, schmal eiförmig. Stängel beblättert.
**Blüte:** Dolden oder Trauben mit bis zu 15 großen, meist trichterförmigen Blüten in vielen Farbtönen. VI–VIII.
**Frucht:** Kapsel.
**Wuchs-/Blütenhöhe:** Je nach Sorte 30–100 cm.
**Standort:** Sonnig, nährstoffreicher, humoser, durchlässiger Boden.
**Verwendung:** Beete, auch für Kübel.
**Vermehrung:** Abtrennen von Brutzwiebeln oder Zwiebelschuppen in der Ruhezeit.
**Sorte:** 'Gran Paradiso' blüht leuchtend rot.
**Hinweis:** Robust, kalktolerant, einfach zu kultivieren. Die meisten Sorten duften nicht.

IX–X | 15 cm | 12/m²

## Lilium auratum

*Goldband-Lilie*
*Liliaceae, Liliengewächse*

**Heimat:** Japan.
**Wuchsform:** Aufrecht, horstbildend.
**Blatt:** Riemenförmig, zerstreut am Stängel angeordnet, dunkelgrün, bis 20 cm lang.
**Blüte:** Trauben von bis zu 12 weit schüsselförmigen, bis 30 cm breiten, weißen, manchmal rot getupften Blüten mit goldgelbem Streifen. VIII.
**Frucht:** Kapsel.
**Wuchs-/Blütenhöhe:** 130 cm.
**Standort:** Sonnig bis halbschattig, lockerer, humoser, kalkfreier Boden.
**Verwendung:** Staudenbeete und Rabatten.
**Vermehrung:** Aussaat nach der Samenreife, Abtrennen von Zwiebelschuppen und Tochterzwiebeln nach der Laubwelke.
**Sorte:** 'Album' blüht reinweiß.
**Hinweis:** Besonders intensiver, süßer Duft.

IX–X | 15 cm | 16/m²

## Lilium bulbiferum

*Feuer-Lilie*
*Liliaceae, Liliengewächse*

**Heimat:** Alpen, Dolomiten, Pyrenäen, Balkan.
**Wuchsform:** Aufrecht, horstbildend.
**Blatt:** Schmal riemenförmig, grün, 5–15 cm lang, Stängel beblättert.
**Blüte:** Dolden mit aufrechten, 10–15 cm breiten, orangeroten Schüsselblüten. VI–VII.
**Frucht:** Kapsel.
**Wuchs-/Blütenhöhe:** 40–150 cm.
**Standort:** Sonnig, kalkhaltiger bis schwach saurer, humoser, durchlässiger Boden.
**Verwendung:** Staudenbeete und Rabatten.
**Vermehrung:** Aussaat nach der Samenreife, Abnehmen von Tochterzwiebeln, Zwiebelschuppen oder Brutzwiebeln im Spätsommer.
**Sorte:** *L. bulbiferum* subsp. *croceum* wird 80 cm hoch und bildet keine Brutzwiebeln aus.
**Hinweis:** Nicht duftend. In den oberen Blattachseln bilden sich Brutzwiebeln.

 VIII 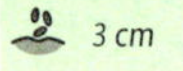 3 cm  12/m²

## Lilium candidum

*Madonnen-Lilie*
*Liliaceae, Liliengewächse*

**Heimat:** Östliches Mittelmeergebiet, Südwestasien.
**Wuchsform:** Aufrecht, horstbildend. Zieht nach der Blüte ein.
**Blatt:** Riemenförmig, glänzend, hellgrün, bis 20 cm lang. Stängel beblättert.
**Blüte:** Traube mit 2–12 weißen, 15 cm großen Trichterblüten. Duftend. VI–VII.
**Frucht:** Aufrecht stehende Kapsel.
**Wuchs-/Blütenhöhe:** 120 cm.
**Standort:** Sonnig, nährstoffreicher, kalkhaltiger, durchlässiger Boden.
**Verwendung:** Staudenbeete und Rabatten.
**Vermehrung:** Aussaat nach der Samenreife, Abtrennen von Zwiebelschuppen oder Tochterzwiebeln im Spätsommer.
**Sorte:** Im Handel ist nur die eigentliche Art.
**Hinweis:** Treibt bereits im September aus.

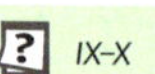 IX–X  15 cm  12/m²

## Lilium hansonii

*Gold-Türkenbund-Lilie*
*Liliaceae, Liliengewächse*

**Heimat:** Südkorea.
**Wuchsform:** Aufrecht, horstbildend.
**Blatt:** Riemenförmig bis elliptisch, in dichten Wirteln stehend, blassgrün, bis 20 cm lang.
**Blüte:** Trauben mit bis zu 12 nickenden, 3–4 cm breiten, orangegelben, dunkel gepunkteten, turbanartigen Blüten.
**Frucht:** Kapsel.
**Wuchs-/Blütenhöhe:** 150 cm.
**Standort:** Sonnig bis halbschattig, nährstoffreicher, leicht feuchter Boden.
**Verwendung:** Staudenbeete und am Rand von Gehölzen.
**Vermehrung:** Aussaat nach der Samenreife, Abtrennen von Zwiebelschuppen oder Tochterzwiebeln im Spätsommer.
**Sorte:** Im Handel ist nur die eigentliche Art.
**Hinweis:** Duftende Blüten.

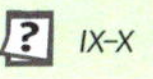 IX–X 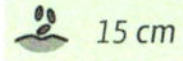 15 cm  12/m²

## Lilium henryi

*Henrys Lilie, Mandarin-Türkenbund-Lilie*
*Liliaceae, Liliengewächse*

**Heimat:** Zentralchina.
**Wuchsform:** Aufrecht, leicht überhängend, horstbildend.
**Blatt:** Ei- bis riemenförmig, die unteren kurz gestielt, die oberen dicht gedrängt, 8–15 cm lang.
**Blüte:** Trauben mit bis zu 20 paarweise stehenden, orangegelben, braun gefleckten Blüten mit weit zurückgeschlagenen Blütenblättern. VII–IX.
**Frucht:** Längliche, braune Kapsel.
**Wuchs-/Blütenhöhe:** 120 cm.
**Standort:** Sonnig, humoser, durchlässiger Boden.
**Verwendung:** Staudenbeete, Gehölzrand.
**Vermehrung:** Aussaat nach der Samenreife, Abtrennen von Zwiebelschuppen oder Tochterzwiebeln im Herbst.
**Sorte:** 'Citrinum' blüht in Zitronengelb.
**Hinweis:** Leicht zu kultivieren. Nicht duftend.

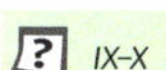 IX–X 15 cm  12/m²

## Lilium LA-Gruppe

*LA-Lilien-Hybriden*
*Liliaceae, Liliengewächse*

**Heimat:** Gärtnerische Herkunft.
**Wuchsform:** Aufrecht, horstbildend.
**Blatt:** Kurz gestielt, schmal eiförmig bis riemenartig. Stängel beblättert.
**Blüte:** Trauben oder Dolden mit bis zu 15 flach schalenförmigen, großen Blüten in einem breiten Farbspektrum. VI–VII.
**Frucht:** Kapsel.
**Wuchs-/Blütenhöhe:** Je nach Sorte bis 100 cm.
**Standort:** Sonnig, nährstoffreicher, humoser, durchlässiger Boden.
**Verwendung:** Beete, Rabatten und Kübel.
**Vermehrung:** Abnehmen von Brutzwiebeln oder Zwiebelschuppen in der Ruhezeit.
**Sorte:** 'Kentucky' mit kupferapricotfarbenen, dunkel gepunkteten Blüten.
**Hinweis:** Hybriden der *Lilium Longiflorum*- und der *Lilium Asiaticum*-Gruppe.

 V 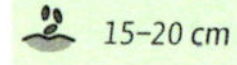 15–20 cm  12/m²

## Lilium lancifolium

*Tiger-Lilie*
*Liliaceae, Liliengewächse*

**Heimat:** China, Korea, Japan.
**Wuchsform:** Aufrecht, horstbildend.
**Blatt:** Riemenförmig, 3–18 cm lang, weißwollig behaart. Stängel beblättert.
**Blüte:** Rispen mit bis zu 40 waagerechten bis nickenden, orangeroten, purpurbraun gefleckten Blüten mit stark zurückgeschlagenen Blütenblättern. VII–VIII.
**Frucht:** Kapsel.
**Wuchs-/Blütenhöhe:** Bis 150 cm.
**Standort:** Sonnig, feuchter, leicht saurer Boden.
**Verwendung:** Rabatten und am Gehölzrand.
**Vermehrung:** Aussaat nach der Samenreife, Zwiebelschuppen oder Tochterzwiebeln im Herbst oder Brutzwiebeln im Spätsommer abnehmen.
**Sorte:** 'Flore Pleno' mit gefüllten Blüten.
**Hinweis:** Brutzwiebeln in den Blattachseln.

 IX–XI 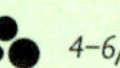 15 cm 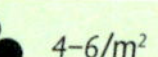 4–6/m²

## Lilium martagon

*Türkenbund-Lilie*
*Liliaceae, Liliengewächse*

**Heimat:** Europa bis Mongolei.
**Wuchsform:** Aufrecht, horstbildend.
**Blatt:** Breit riemenförmig, wirtelig angeordnet, bis 15 cm lang. Stängel beblättert.
**Blüte:** Trauben mit bis zu 50 nickenden, 5 cm breiten, rosa bis purpurnen Blüten mit stark zurückgeschlagenen Blütenblättern. VI–VII.
**Frucht:** Kapsel.
**Wuchs-/Blütenhöhe:** 90–180 cm.
**Standort:** Sonnig bis halbschattig, kalkhaltiger, tiefgründiger, humoser Boden.
**Verwendung:** Am Rand von Gehölzgruppen und in Naturgärten.
**Vermehrung:** Aussaat nach der Samenreife, Abtrennen von Zwiebelschuppen im Herbst.
**Sorte:** *Lilium m.* var. *album* blüht weiß, 'The Moor' schwarzviolett.
**Hinweis:** Pflegeleicht und robust.

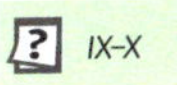 IX–X 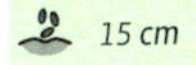 15 cm 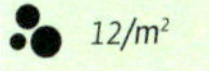 12/m²

## Lilium Orientale-Gruppe

*Orientalische Lilien-Hybriden*
*Liliaceae, Liliengewächse*

**Heimat:** Gärtnerische Herkunft.
**Wuchsform:** Aufrecht, horstbildend.
**Blatt:** Riemenförmig, Stängel beblättert.
**Blüte:** Dolden mit bis zu 15 großen, turbanartigen, schüssel- oder trompetenförmigen Blüten in einem breiten Farbspektrum, meist mit tüpfelförmiger Zeichnung. VIII–IX.
**Frucht:** Kapsel.
**Wuchs-/Blütenhöhe:** 40–150 cm.
**Standort:** Halbschattig, fruchtbarer, leicht saurer, feuchter, aber gut durchlässiger Boden.
**Verwendung:** Meist im Töpfen kultiviert.
**Vermehrung:** Abnehmen von Tochterzwiebeln oder Zwiebelschuppen in der Ruhezeit.
**Sorte:** 'Stargazer' blüht rosarot, 'Casablanca' reinweiß.
**Hinweis:** Meist stark duftend. Hohe Pflanzen stützen.

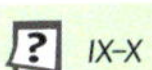 IX–X 15 cm  12/m²

## Lilium Orienpet-Sorten

*Orienpet-Lilien-Hybriden*
*Liliaceae, Liliengewächse*

**Heimat:** Gärtnerische Herkunft.
**Wuchsform:** Aufrecht, horstbildend.
**Blatt:** Breit riemenförmig, glänzend grün, Stängel beblättert.
**Blüte:** Trauben mit vielen großen, sternförmigen Blüten, oft mit zurückgeschlagenen Blütenblättern, breites Farbspektrum. VIII–IX.
**Frucht:** Kapsel.
**Wuchs-/Blütenhöhe:** Bis 150 cm.
**Standort:** Halbschattig, feuchter, humoser, nährstoffreicher, durchlässiger Boden.
**Verwendung:** Beete, Rabatten und in Kübeln.
**Vermehrung:** Abnehmen von Tochterzwiebeln oder Zwiebelschuppen in der Ruhezeit.
**Sorte:** 'Black Beauty' mit himbeer- bis schwarzroten Blüten, 'Scheherazade' mit weißgrün gerandeten, purpurrosa Blüten.
**Hinweis:** Robust, kalktolerant. Oft duftend.

 IX–XI 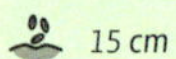 15 cm 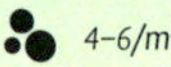 4–6/m²

## Lilium pyrenaicum

*Pyrenäen-Lilie*
*Liliaceae, Liliengewächse*

**Heimat:** Pyrenäen.
**Wuchsform:** Aufrecht, horstbildend.
**Blatt:** Lanzettlich, hellgrün, silbrig behaarter Rand, 15 cm lang. Stängel beblättert.
**Blüte:** Trauben mit bis zu 12 trichterförmigen, hängenden, 5 cm breiten, gelben, dunkelbraun gemusterten Blüten mit weit zurückgeschlagenen Blütenblättern. V–VI.
**Frucht:** Kapsel.
**Wuchs-/Blütenhöhe:** 100 cm.
**Standort:** Sonnig, humoser, durchlässiger, kalkhaltiger Boden.
**Verwendung:** Am Rand von Gehölzrabatten, im Alpinum und in naturnahen Pflanzungen.
**Vermehrung:** Aussaat nach der Samenreife, Abtrennen von Zwiebelschuppen im Herbst.
**Sorte:** *L. pyrenaicum* var. *rubrum* blüht orangerot.
**Hinweis:** Wird auch Gold-Türkenbund genannt.

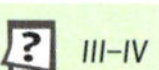 III–IV 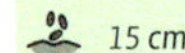 15 cm 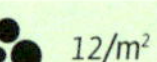 12/m²

## Lilium regale

*Königs-Lilie*
*Liliaceae, Liliengewächse*

**Heimat:** Westchina.
**Wuchsform:** Aufrecht, horstbildend.
**Blatt:** Schmal riemenförmig, glänzend dunkelgrün, bis 13 cm lang. Stängel beblättert.
**Blüte:** Dolden mit bis zu 25 weit trompetenförmigen, weißen, zur Basis hin goldgelben Blüten. VI–VIII.
**Frucht:** Längliche Kapsel.
**Wuchs-/Blütenhöhe:** Bis 200 cm.
**Standort:** Sonnig, nährstoffreicher, humoser, durchlässiger Boden.
**Verwendung:** Staudenbeete und Topfkultur.
**Vermehrung:** Aussaat nach der Samenreife, Abtrennen von Zwiebelschuppen im Herbst.
**Sorte:** *Lilium r.* var. *album* ist eine reinweiß blühende Form.
**Hinweis:** Vor allem abends stark und angenehm duftend.

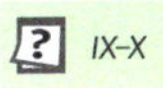 IX–X 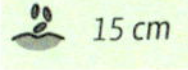 15 cm 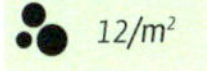 12/m²

## Lilium speciosum

*Prächtige Lilie*
*Liliaceae, Liliengewächse*

**Heimat:** Ostchina, Japan, Taiwan.
**Wuchsform:** Aufrecht, horstbildend.
**Blatt:** Kurz gestielt, breit riemenförmig bis eiförmig, dunkelgrün, bis 18 cm lang, zerstreut am Stängel angeordnet.
**Blüte:** Trauben mit bis zu 12 nickenden, weißen bis rosafarbenen, dunkelpurpurn gefleckten Turbanblüten. VII–IX.
**Frucht:** Kapsel.
**Wuchs-/Blütenhöhe:** 120–150 cm.
**Standort:** Sonnig bis halbschattig, saurer, feuchter, humoser Boden.
**Verwendung:** Rabatten und am Gehölzrand.
**Vermehrung:** Aussaat nach Samenreife, Abnehmen von Zwiebelschuppen in der Ruhezeit.
**Sorte:** *Lilium* s. var. *album* blüht weiß, 'Grand Commander' dunkelrosa, 'Uchida' karminrot.
**Hinweis:** Blühende Pflanzen stützen.

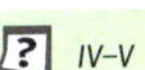 IV–V 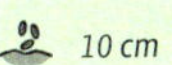 10 cm 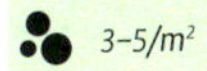 3–5/m²

## Mirabilis jalapa

*Wunderblume*
*Nyctaginaceae, Wunderblumengewächse*

**Heimat:** Peru und tropisches Südamerika.
**Wuchsform:** Aufrecht, buschig mit knolliger Wurzel.
**Blatt:** Herzförmig, mittelgrün, 6–8 cm lang.
**Blüte:** Trichterförmig mit langer Röhre, 3–4 cm breit, in Rot, Rosa, Gelb oder Weiß. Mehrere Farben an einer Pflanze möglich. VI–X.
**Frucht:** Schließfrucht.
**Wuchs-/Blütenhöhe:** 60–100 cm.
**Standort:** Sonnig, nährstoffreich, durchlässig.
**Verwendung:** Beete und Rabatten, auch für die Topfkultur.
**Vermehrung:** Aussaat im Frühjahr unter Glas.
**Sorte:** 'Alba' blüht reinweiß, 'Prachtmischung' in mehreren Farben.
**Hinweis:** Nicht frosthart. Wird meist einjährig kultiviert, kann aber wie Dahlien-Knollen überwintert werden.

 IX–XI 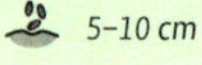 5–10 cm  400/m²

## Muscari armeniacum

*Armenische Traubenhyazinthe*
*Hyacinthaceae, Hyazinthengewächse*

**Heimat:** Bulgarien, Kleinasien, Kaukasus.
**Wuchsform:** Aufrechte Blütentrauben, Blätter überhängend, horstbildend.
**Blatt:** Schmal riemenförmig, mittelgrün, bis 30 cm lang. Treiben bereits im Herbst aus.
**Blüte:** Gestielte, bis 7,5 cm lange Trauben kleiner, eiförmiger, kobaltblauer Blüten. III–IV.
**Frucht:** Kapsel.
**Wuchs-/Blütenhöhe:** 20 cm.
**Standort:** Sonnig bis halbschattig, feuchter, aber durchlässiger Boden.
**Verwendung:** In kleinen Gruppen in Steingärten, zum Verwildern und als Partner für größere Zwiebelblüher.
**Vermehrung:** Aussaat nach der Samenreife oder Teilen im Spätsommer.
**Sorte:** 'Blue Spike' mit größeren Blüten.
**Hinweis:** Verbreitung durch Selbstaussaat.

 IX–XI  5–10 cm  400/m²

## Muscari azureum

*Himmelblaue Traubenhyazinthe*
*Hyacinthaceae, Hyazinthengewächse*

**Heimat:** Türkei.
**Wuchsform:** Aufrecht, horstbildend.
**Blatt:** 2–3 schmal riemenförmige, graugrüne, grundständige Blätter, bis 20 cm lang.
**Blüte:** Gestielte, bis 3 cm lange Trauben mit bis zu 60 glockigen, himmelblauen Einzelblüten. III.
**Frucht:** Kapsel.
**Wuchs-/Blütenhöhe:** 15–20 cm.
**Standort:** Sonnig bis halbschattig, mäßig nährstoffreicher, feuchter, aber durchlässiger Boden.
**Verwendung:** In kleinen Gruppen in Steingärten, zum Verwildern in naturnahen Gärten, als Partner für größere Zwiebelblüher.
**Vermehrung:** Aussaat nach der Samenreife oder Teilen im Spätsommer.
**Sorte:** 'Album' blüht weiß, 'Amphibolis' hat größere, hellere Blüten.
**Hinweis:** Reichliche Selbstaussaat.

 IX–XI  5–10 cm  400/m²

## Muscari botryoides

*Kleine Traubenhyazinthe*
*Hyacinthaceae, Hyazinthengewächse*

**Heimat:** Mittel- bis Südosteuropa.
**Wuchsform:** Aufrecht, horstbildend.
**Blatt:** Schmal spatelförmig, halb aufrecht, mittelgrün, bis 25 cm lang.
**Blüte:** Gestielte, 5 cm lange Trauben mit kugeligen, hellblauen Blüten mit weiß gerandeter Öffnung. IV–V.
**Frucht:** Kapsel.
**Wuchs-/Blütenhöhe:** 15–20 cm.
**Standort:** Sonnig bis halbschattig, mäßig nährstoffreicher, feuchter, aber durchlässiger Boden.
**Verwendung:** In kleinen Gruppen in Steingärten, zum Verwildern in naturnahen Gärten, als Partner für größere Zwiebelblüher.
**Vermehrung:** Aussaat nach der Samenreife oder Teilen im Spätsommer.
**Sorte:** *Muscari b.* var. *album* mit weißen Blüten.
**Hinweis:** Reichliche Selbstaussaat.

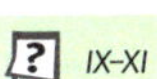 IX–XI  5–10 cm  400/m²

## Muscari comosum

*Schopfige Traubenhyazinthe*
*Hyacinthaceae, Hyazinthengewächse*

**Heimat:** Kanarische Inseln, Südeuropa, Türkei, Iran.
**Wuchsform:** Aufrechte Blütentrauben, Blätter in Rosetten, horstbildend.
**Blatt:** Schmal riemenförmig, abstehend, mittelgrün, bis 15 cm lang. Zieht im Frühsommer ein.
**Blüte:** Gestielte Traube blassbrauner, glockiger, fertiler Blüten, darüber ein Schopf steriler, hellvioletter Blüten. V–VI.
**Frucht:** Kantige Kapsel.
**Wuchs-/Blütenhöhe:** 25 cm.
**Standort:** Sonnig bis halbschattig, durchlässig.
**Verwendung:** Steingärten, Rabatten, Topfkultur.
**Vermehrung:** Aussaat nach Samenreife oder Teilen im Spätsommer.
**Sorte:** 'Plumosum' (Syn. 'Monstrosum') bildet nur sterile, violette Fadenblüten aus.
**Hinweis:** Auch Bisamhyazinthe genannt.

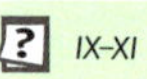 IX–XI 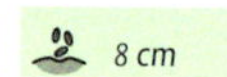 8 cm  400/m²

## Muscari latifolium

*Breitblättrige Traubenhyazinthe*
*Hyacinthaceae, Hyazinthengewächse*

**Heimat:** Südwesttürkei.
**Wuchsform:** Aufrecht, horstbildend.
**Blatt:** Meist nur 1–2, lanzettlich, grundständig, mittelgrün, 7–30 cm lang.
**Blüte:** 2–6 cm lange Traube mit zahlreichen, oben hell- und unten schwarzblauen Einzelblüten. IV–V.
**Frucht:** Kapsel.
**Wuchs-/Blütenhöhe:** 20 cm.
**Standort:** Sonnig, fruchtbarer, durchlässiger Boden.
**Verwendung:** Steingärten, Rabatten und für die Topfkultur.
**Vermehrung:** Aussaat nach der Samenreife oder Teilen im Herbst.
**Sorte:** Im Handel ist nur die eigentliche Art.
**Hinweis:** Verwildert an zusagenden Standorten, ohne lästig zu werden.

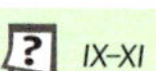  8 cm 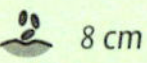 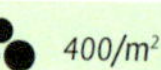

## Muscari neglectum

*Weinbergs-Traubenhyazinthe*
*Hyacinthaceae, Hyazinthengewächse*

**Heimat:** Mittelmeergebiet bis Afghanistan.
**Wuchsform:** Blütenstiel aufrecht, Blätter ausgebreitet bis niederliegend.
**Blatt:** 2–7 Stück, schmal riemenförmig, fast zylindrisch, mittelgrün, 6–40 cm lang.
**Blüte:** 2–6 cm lange Trauben mit schwarzblauen, fertilen und darüber kleineren, blasseren, sterilen Blüten. IV–V.
**Frucht:** Kapsel.
**Wuchs-/Blütenhöhe:** 20 cm.
**Standort:** Sonnig, durchlässiger Boden.
**Verwendung:** Steingärten, Rabatten. Auch für die Topfkultur.
**Vermehrung:** Aussaat nach der Samenreife oder Teilen im Herbst.
**Sorte:** Im Handel ist nur die eigentliche Art.
**Hinweis:** Vielerorts eingebürgert, so etwa in Mitteleuropa und Nordamerika.

 IX–XI 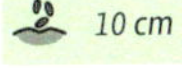 10 cm  400/m²

## Narcissus bulbocodium

*Reifrock-Narzisse*
*Amaryllidaceae, Amaryllisgewächse*

**Heimat:** Westfrankreich, Spanien, Portugal, Nordafrika.
**Wuchsform:** Aufrecht, lockere Horste bildend. Zieht nach der Blüte ein.
**Blatt:** Schmal, halb zylindrisch, grundständig, dunkelgrün, 10–40 cm lang.
**Blüte:** Trichterförmig, 3,5 cm breit, dunkelgelb, mit zierlicher Nebenkrone. III–V.
**Frucht:** Kapsel.
**Wuchs-/Blütenhöhe:** 15 cm.
**Standort:** Sonnig, durchlässiger Boden.
**Verwendung:** Steingärten und für die Topfkultur.
**Vermehrung:** Aussaat nach der Samenreife, Abnehmen von Tochterzwiebeln im Sommer.
**Sorte:** 'Apollo Gold' und 'Classic Gold' haben mehr Blüten als die Art und sind robuster.
**Hinweis:** Der Boden sollte im Frühjahr feucht, im Sommer dagegen trocken sein.

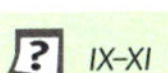 IX–XI  10 cm  25/m²

## Narcissus-Sorten

*Narzissen-Hybriden*
*Amaryllidaceae, Amaryllisgewächse*

**Heimat:** Gärtnerische Herkunft.
**Wuchsform:** Aufrecht, lockere Horste bildend. Zieht nach der Blüte ein.
**Blatt:** Schmal riemenförmig, meist mittel- bis graugrün, rinnig und bereift.
**Blüte:** Die Nebenkrone (die „Trompete"), hat oft eine andere Farbe als die sternförmig darum herum angeordneten Blütenblätter. IV–V.
**Frucht:** Fleischige Kapsel.
**Wuchs-/Blütenhöhe:** 15 bis 50 cm.
**Standort:** Sonnig, nährstoffreicher, durchlässiger Boden.
**Verwendung:** In kleinen Gruppen in Beeten, Rabatten und am Gehölzrand. Auch Topfkultur.
**Vermehrung:** Nur durch Abnehmen von Brutzwiebeln im Spätfrühjahr oder Herbst.
**Sorte:** Es gibt mehr als 24 000 Kulturformen.
**Hinweis:** In der Regel duften die Sorten nicht.

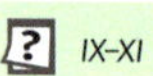 IX–XI 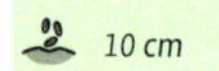 10 cm 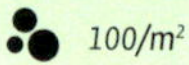 100/m²

## Narcissus cyclamineus

*Alpenveilchen-Narzisse*
*Amaryllidaceae, Amaryllisgewächse*

**Heimat:** Spanien, Portugal.
**Wuchsform:** Aufrecht, lockere Horste bildend. Zieht nach der Blüte ein.
**Blatt:** Schmal riemenförmig, grundständig, gekielt, mittelgrün, 15–30 cm lang.
**Blüte:** Nickend, goldgelb mit schlanker, röhrenförmiger Krone und völlig zurückgeschlagenen Blütenblättern. II–III.
**Frucht:** Fleischige Kapsel.
**Wuchs-/Blütenhöhe:** 15–20 cm.
**Standort:** Sonnig, durchlässiger Boden.
**Verwendung:** In kleinen Gruppen in Steingärten, Beeten, am Gehölzrand und in Töpfen.
**Vermehrung:** Aussaat nach der Samenreife, Abnehmen von Brutzwiebeln im Sommer.
**Sorte:** 'February Gold' in Gelb, 'February Silver' in Silberweiß, 'Peeping Tom' in Gelb.
**Hinweis:** Nur bedingt winterhart.

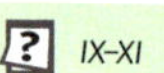 IX–XI 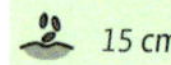 15 cm 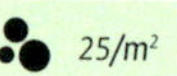 25/m²

## Narcissus jonquilla

*Jonquille*
*Amaryllidaceae, Amaryllisgewächse*

**Heimat:** Spanien, in Italien, Südfrankreich und Dalmatien eingebürgert.
**Wuchsform:** Aufrecht, horstbildend.
**Blatt:** Schmal riemenförmig, halb zylindrisch, dunkelgrün, bis 45 cm lang.
**Blüte:** Bis zu 5 einheitlich goldgelbe, 3 cm breite, flach ausgebreitete, duftende Blüten. IV–V.
**Frucht:** Fleischige Kapsel.
**Wuchs-/Blütenhöhe:** Bis 40 cm.
**Standort:** Sonnig, durchlässiger Boden.
**Verwendung:** Beete und Rabatten, auch für die Topfkultur und Treiberei. Gute Schnittblume.
**Vermehrung:** Aussaat nach der Samenreife, Abnehmen von Brutzwiebeln im Sommer.
**Sorte:** 'Pipit' blüht gelb mit weißem Krönchen, 30 cm hoch, duftend. 'Suzi' ist hellgelb mit orangefarbener Krone und duftend.
**Hinweis:** Winterschutz empfehlenswert.

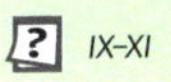 IX–XI 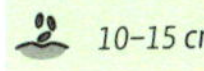 10–15 cm  100/m²

## Narcissus obvallaris

*Tenby-Narzisse*
*Amaryllidaceae, Amaryllisgewächse*

**Heimat:** Großbritannien, Westeuropa.
**Wuchsform:** Aufrecht, lockere Horste bildend. Zieht nach der Blüte ein.
**Blatt:** Schmal riemenförmig, mittelgrün, bereift, bis 30 cm lang.
**Blüte:** Rein goldgelb, 4 cm breit. III–IV.
**Frucht:** Fleischige Kapsel.
**Wuchs-/Blütenhöhe:** 25–30 cm.
**Standort:** Sonnig, durchlässiger Boden.
**Verwendung:** In kleinen Gruppen in Steingärten, am Gehölzrand, für Narzissen-Wiesen und zum Verwildern.
**Vermehrung:** Aussaat nach der Samenreife, Abnehmen von Brutzwiebeln im Sommer.
**Sorte:** Auch unter dem Namen *Narcissus pseudonarcissus* subsp. *obvallaris* im Handel.
**Hinweis:** An zusagenden Standorten verbreitet sich die Art durch Selbstaussaat.

 IX–XI  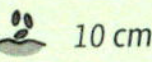 10 cm  25/m²

## Narcissus poeticus

*Dichter-Narzisse*
*Amaryllidaceae, Amaryllisgewächse*

**Heimat:** Schweiz, Südeuropa (Spanien bis Griechenland).
**Wuchsform:** Aufrecht, lockere Horste bildend. Zieht nach der Blüte ein.
**Blatt:** Schmal riemenförmig, gekielt, grundständig, bis 45 cm lang.
**Blüte:** Bis 7 cm breit, nickend, weiße Blütenblätter und kleine, gelbe Krone mit rotem Rand. IV–V.
**Frucht:** Fleischige Kapsel.
**Wuchs-/Blütenhöhe:** 20–50 cm.
**Standort:** Sonnig, durchlässiger, frischer Boden.
**Verwendung:** In kleinen Gruppen in Beeten, Rabatten und am Gehölzrand.
**Vermehrung:** Brutzwiebeln im Sommer abnehmen und ab September pflanzen.
**Sorte:** ‘Actaea’ blüht weiß mit orangefarbenem Krönchen, 40 cm hoch, zuverlässig.
**Hinweis:** Duftend. Zum Verwildern geeignet.

 IX–XI | 10 cm | 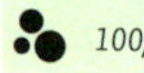 100/m²

## Narcissus pseudonarcissus

*Gewöhnliche Osterglocke*
*Amaryllidaceae, Amaryllisgewächse*

**Heimat:** Italien, Schweiz, Westeuropa.
**Wuchsform:** Aufrecht, lockere Horste bildend. Zieht nach der Blüte ein.
**Blatt:** Schmal riemenförmig, gekielt, grundständig, mittelgrün, bereift, 8–10 cm lang.
**Blüte:** Nickend, bis 7 cm breit, mit schmaler, gelber Trompete und schmalen, leicht gedrehten, hellgelben Blütenblättern. III–IV.
**Frucht:** Fleischige Kapsel.
**Wuchs-/Blütenhöhe:** 15–25 cm.
**Standort:** Sonnig, durchlässiger Boden.
**Verwendung:** In kleinen Gruppen in Beeten, für Narzissen-Wiesen und zum Verwildern.
**Vermehrung:** Aussaat nach der Samenreife, Abnehmen von Brutzwiebeln im Spätsommer.
**Sorte:** Syn. *Narcissus lobuaris*.
**Hinweis:** Verbreitet sich durch Selbstaussaat.

IX–XI | 10 cm |  25/m²

## Narcissus tazetta

*Tazette*
*Amaryllidaceae, Amaryllisgewächse*

**Heimat:** Mittelmeergebiet, weltweit großflächig verwildert.
**Wuchsform:** Aufrecht, horstbildend.
**Blatt:** Schmal riemenförmig, gedreht, gekielt, mittelgrün, bereift, 20–50 cm lang.
**Blüte:** Bis zu 20 duftende, 4 cm breite Blüten mit weißen Blütenblättern und gelben Nebenkronen. III–IV.
**Frucht:** Fleischige Kapsel.
**Wuchs-/Blütenhöhe:** 15–40 cm.
**Standort:** Sonnig und geschützt oder im Zimmer, gut durchlässiges Substrat.
**Verwendung:** Beete, Topfkultur und Treiberei.
**Vermehrung:** Aussaat nach der Samenreife, Abnehmen von Brutzwiebeln im Spätsommer.
**Sorte:** ‘Laurens Koster’ blüht weiß mit orangeroter Krone, relativ robust.
**Hinweis:** Tazetten sind meist nicht frosthart.

 IX–XI 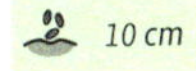 

## Narcissus triandrus

*Engelstränen-Narzisse*
*Amaryllidaceae, Amaryllisgewächse*

**Heimat:** Portugal, Spanien.
**Wuchsform:** Niederliegend bis halb aufrecht. Zieht nach der Blüte ein.
**Blatt:** Schmal riemenförmig, gekielt, rinnig, mittelgrün, bereift, 20–30 cm lang.
**Blüte:** Pro Schaft 2 oder mehr Blüten, hängend, cremefarben, 6 cm breit. IV–V.
**Frucht:** Fleischige Kapsel.
**Wuchs-/Blütenhöhe:** 10–35 cm.
**Standort:** Sonnig, durchlässiger Boden.
**Verwendung:** In kleinen Gruppen in Beeten, Rabatten und am Gehölzrand. Gute Schnittblume.
**Vermehrung:** Aussaat der reinen Art nach der Samenreife, Abnehmen von Brutzwiebeln im Sommer.
**Sorte:** 'Hawera' (Zwergsorte) mit kleinen, gelben Blüten, 'Petrel' und 'Thalia' blühen weiß.
**Hinweis:** Einige Sorten haben duftende Blüten.

  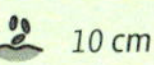 

## Nectaroscordum siculum

*Gewöhnlicher Honiglauch*
*Alliaceae, Lauchgewächse*

**Heimat:** Mittelmeergebiet, Anatolien, Krim.
**Wuchsform:** Aufrecht, horstbildend.
**Blatt:** Schmal riemenförmig, grundständig, gekielt, 30–40 cm lang.
**Blüte:** Dolden mit bis zu 30 glockigen, 1,5–2,5 cm breiten, hängenden Einzelblüten, mattgrün und braunrot gestreift, an ungleich langen Stielen. V–VI.
**Frucht:** Aufrechte Kapsel.
**Wuchs-/Blütenhöhe:** 80–100 cm.
**Standort:** Sonnig, durchlässiger, kalkhaltiger Boden.
**Verwendung:** Beete und Rabatten.
**Vermehrung:** Brutzwiebeln im Spätsommer abnehmen.
**Sorte:** Auch unter den alten Namen *Allium siculum* und *A. bulgaricum* im Handel.
**Hinweis:** Spiralförmiger Austrieb.

 IV

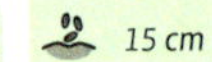 15 cm

 35/m²

## Nerine bowdenii

*Nerine, Guernseylilie*
*Amaryllidaceae, Amaryllisgewächse*

**Heimat:** Südafrika, Leshoto, Swasiland.
**Wuchsform:** Aufrecht, horstbildend.
**Blatt:** Riemenförmig, bis 30 cm lang, erscheint mit oder nach der Blüte.
**Blüte:** Dolden mit 7 und mehr trichterförmigen, bis 8 cm breiten, duftenden Blüten in Rosa mit zurückgeschlagenen Blütenblättern. IX–X.
**Frucht:** Kapsel.
**Wuchs-/Blütenhöhe:** 45 cm.
**Standort:** Sonnig, gut durchlässiger Boden.
**Verwendung:** In Gruppen in Beeten und Rabatten und für die Topfkultur. Gute Schnittblume.
**Vermehrung:** Aussaat nach der Samenreife unter Glas oder Teilen nach der Blüte.
**Sorte:** 'Mark Fenwick' (Syn. 'Fenwick's Variety') mit rosa Blüten an dunkleren Stielen.
**Hinweis:** Winterschutz erforderlich. Verträgt keine feuchten Böden.

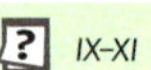

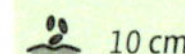 10 cm

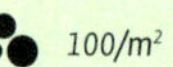

## Ornithogalum narbonense

*Narbonne-Milchstern*
*Hyacinthaceae, Hyazinthengewächse*

**Heimat:** Mittelmeergebiet, Türkei, Armenien, Nordwestiran.
**Wuchsform:** Halbaufrecht, horstbildend. Zieht bereits vor der Blüte ein.
**Blatt:** Schmal riemenförmig, grundständig, graugrün, bis 60 cm lang.
**Blüte:** Längliche Traube mit 25–75 sternförmigen, bis 5 cm breiten, kurz gestielten, weißen Einzelblüten mit grünen Streifen. IV–V.
**Frucht:** Kapsel.
**Wuchs-/Blütenhöhe:** 40–60 cm.
**Standort:** Sonnig, durchlässiger Boden.
**Verwendung:** Beete und Rabatten.
**Vermehrung:** Aussaat im Herbst oder Frühjahr, im Sommer Tochterzwiebeln abnehmen.
**Sorte:** Im Handel ist nur die eigentliche Art.
**Hinweis:** Zum Verwildern geeignet.

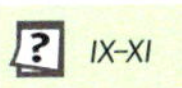 IX–XI 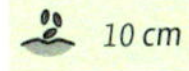 10 cm 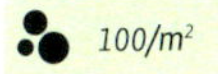 100/m²

## Ornithogalum nutans

*Nickender Milchstern*
*Hyacinthaceae, Hyazinthengewächse*

**Heimat:** Europa, Südwestasien, vielerorts eingebürgert.
**Wuchsform:** Aufrechter Blütentrieb, rosettenartiger Blatthorst. Zieht nach der Blüte ein.
**Blatt:** 6–8 Blätter, riemenförmig, grün mit silbrigem Längsstreifen, 30–40 cm lang.
**Blüte:** Traube mit 5–12 nickenden, grauweißen Einzelblüten und grünen Streifen. IV–V.
**Frucht:** Breit eiförmige Kapsel.
**Wuchs-/Blütenhöhe:** 20–30 cm.
**Standort:** Sonnig bis halbschattig, mäßig nährstoffreicher, durchlässiger Boden.
**Verwendung:** Beete, Rabatten und zum Verwildern unter Gehölzen. Gute Schnittblume.
**Vermehrung:** Aussaat im Herbst oder Frühjahr, im Sommer Tochterzwiebeln abnehmen.
**Sorte:** Im Handel ist nur die eigentliche Art.
**Hinweis:** Zum Verwildern geeignet.

 IX–XI  10 cm  100/m²

## Ornithogalum umbellatum

*Breitblättriger Dolden-Milchstern, Stern von Bethlehem*
*Hyacinthaceae, Hyazinthengewächse*

**Heimat:** Europa, Türkei, Israel und Nordafrika.
**Wuchsform:** Aufrecht, horstbildend. Zieht während oder nach der Blüte ein.
**Blatt:** Schmal riemenförmig, mittelgrün mit weißem Mittelstreifen, bis 30 cm lang.
**Blüte:** Trauben mit 8–20 weißen, außen grün gestreiften, 2 cm breiten Sternblüten. IV–VI.
**Frucht:** Fleischige Kapsel.
**Wuchs-/Blütenhöhe:** 10–30 cm.
**Standort:** Sonnig bis halbschattig, mäßig nährstoffreicher, durchlässiger Boden.
**Verwendung:** Unter lichten Gehölzen.
**Vermehrung:** Aussaat im Herbst oder Frühjahr, im Sommer Tochterzwiebeln abnehmen.
**Sorte:** Im Handel ist nur die eigentliche Art.
**Hinweis:** Blüht nur bei Sonnenschein.

 IX–XI 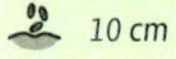 10 cm  150/m²

## Oxalis adenophylla

*Anden-Sauerklee*
*Oxalidaceae, Sauerkleegewächse*

**Heimat:** Südliche Regionen von Chile und Argentinien.
**Wuchsform:** Aufrecht, gruppenbildend.
**Blatt:** Zusammengesetzt aus bis zu 22 verkehrt eiförmigen, 2 cm langen Fiedern, graugrün.
**Blüte:** Weit trichterförmig, 2,5 cm breit, rosafarben, mit dunkler Äderung. IV–VI.
**Frucht:** Kapsel, öffnet sich bei Reife explosionsartig.
**Wuchs-/Blütenhöhe:** 10 cm.
**Standort:** Vollsonnig, humoser Boden.
**Verwendung:** Bodendecker für sonnige Standorte, Steingärten, Töpfe und Tröge.
**Vermehrung:** Teilen oder Aussaat im Frühjahr unter Glas.
**Sorte:** Im Handel ist nur die eigentliche Art.
**Hinweis:** Die Knollen sind mit feinem Fasergeflecht umgeben.

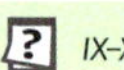 IX–XI  10 cm  150/m²

## Oxalis triangularis

*Dreieckiger Glücksklee, Roter Dreiecksklee*
*Oxalidaceae, Sauerkleegewächse*

**Heimat:** Südamerika, in den USA eingebürgert.
**Wuchsform:** Aufrecht, Gruppen bildend. Zieht bei kühler Überwinterung im Herbst ein.
**Blatt:** 3 dreieckige, 2–7 cm lange, mittelgrüne bis purpurrote Fiederblättchen an 12–20 cm langen Stielen. Blätter schließen sich bei Dunkelheit.
**Blüte:** Lockere Dolden mit bis zu 12 breit trichterförmigen, weißen bis zartrosafarbenen, 2–3 cm breiten Einzelblüten. V–VI.
**Frucht:** Kapsel.
**Wuchs-/Blütenhöhe:** 15–30 cm.
**Standort:** Vollsonnig, humoser Boden.
**Verwendung:** Für Töpfe und Kübel.
**Vermehrung:** Teilen oder Aussaat im Frühjahr.
**Sorte:** ‘Mijke’ mit purpurviolettem Blatt und zartrosafarbener Blüte, 15 cm hoch.
**Hinweis:** Nicht winterhart. Rhizome im Topf dunkel und frostfrei überwintern.

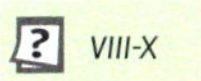 VIII-X  5 cm 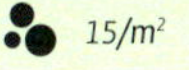 15/m²

## Pseudofumaria lutea

*Gelber Schein-Lerchensporn*
*Fumariaceae, Erdrauchgewächse*

**Heimat:** Europa (Alpen), vielerorts eingebürgert.
**Wuchsform:** Buschig, horstbildend, in milden Wintern immergrün.
**Blatt:** Hell bis bläulich grün, 2- bis 3-fach gefiedert, gestielt, 10–15 cm lang.
**Blüte:** Trauben mit 6–16 gelben, einseitswendigen, 1,5–2 cm langen, goldgelben, stumpf gespornten Einzelblüten. V–X.
**Frucht:** Kapsel.
**Wuchs-/Blütenhöhe:** 15–20 cm.
**Standort:** Halbschattig bis schattig und luftfeucht, kalkhaltiger, humoser, feuchter Boden.
**Verwendung:** Steingärten, in Fugen von Mauern und Natursteintreppen sowie am Gehölzrand.
**Vermehrung:** Aussaat nach der Samenreife.
**Sorte:** Syn. *Corydalis lutea*.
**Hinweis:** Kurzlebige Rhizomstaude. Sät sich an zusagenden Standorten reichlich aus.

 IX–XI  5 cm  400/m²

## Puschkinia scilloides var. libanotica

*Libanon-Puschkinie*
*Hyacinthaceae, Hyazinthengewächse*

**Heimat:** Türkei, Libanon.
**Wuchsform:** Aufrechter Blütenschaft, überhängendes Laub, horstbildend.
**Blatt:** 2 Blätter, breit riemenförmig, grundständig, mittelgrün, 15 cm lang.
**Blüte:** Trauben mit 4–10 glockigen, 1 cm breiten, weißen, gestreiften Einzelblüten. III–IV.
**Frucht:** Kapsel.
**Wuchs-/Blütenhöhe:** 20 cm.
**Standort:** Sonnig bis halbschattig, durchlässiger, im Sommer nicht zu feuchter Boden.
**Verwendung:** Steingärten, in größeren Gruppen am sonnigen Gehölzrand und in Beeten.
**Vermehrung:** Aussaat im Herbst oder Frühjahr, Teilen, wenn die Blätter welken.
**Sorte:** Im Handel ist meist nur diese Unterart.
**Hinweis:** Verbreitet sich durch Selbstaussaat.

 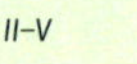 II–V 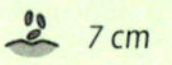 7 cm  25/m²

## Ranunculus asiaticus

*Ranunkel*
*Ranunculaceae, Hahnenfußgewächse*

**Heimat:** Kreta, Vorderasien.
**Wuchsform:** Aufrecht, verzweigt, horstbildend.
**Blatt:** Wechselständig, 3-zählig, gestielt, 10–12 cm lang, behaart, mittelgrün.
**Blüte:** Schalenförmig, 5–12 cm breit, in Weiß, Rot, Orange, Gelb, auch gefüllt. II–VI.
**Frucht:** Achäne (Nussfrucht).
**Wuchs-/Blütenhöhe:** 25–60 cm.
**Standort:** Sonnig, durchlässiger Boden.
**Verwendung:** Frühlingsbeete, Töpfe und Schalen. Gute Schnittblume.
**Vermehrung:** Aussaat im Herbst unter Glas, Teilen im zeitigen Frühjahr.
**Sorte:** Zahlreiche Sorten, z. B. 'Bloomingdale' (25 cm hoch, Topfsorte) und 'Victoria' (60 cm hoch, Schnittsorte).
**Hinweis:** Vor der Pflanzung in Wasser quellen lassen. Frostfrei überwintern.

 IV–V und IX–XI  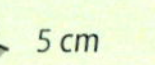 5 cm  200/m²

## Ranunculus ficaria

*Gewöhnliches Scharbockskraut*
*Ranunculaceae, Hahnenfußgewächse*

**Heimat:** Europa, Nordwestafrika, Südwestasien.
**Wuchsform:** Krautig, halbaufrecht, horstbildend. Zieht nach der Blüte ein.
**Blatt:** Gestielt, herz- bis nierenförmig, glänzend dunkelgrün, 2–5 cm breit.
**Blüte:** Goldgelb, sternförmig, 2–3 cm breit. III–V.
**Frucht:** Nüsschen.
**Wuchs-/Blütenhöhe:** 5–30 cm.
**Standort:** Sonnig bis halbschattig, humoser, feuchter, aber durchlässiger Boden.
**Verwendung:** Am Gehölzrand oder als Unterpflanzung von lichten Gehölzen.
**Vermehrung:** Teilen im Frühjahr oder Herbst, Pflanzen von Brutknollen im Frühjahr.
**Sorte:** 'Albus' blüht cremeweiß, 'Pleniflora' mit gefüllten, gelben Blüten.
**Hinweis:** Die Sorten sind weniger invasiv als die Art.

 IX–XI  5 cm 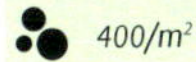 400/m²

## Scilla bifolia

*Zweiblättriger Blaustern*
*Hyacinthaceae, Hyazinthengewächse*

**Heimat:** Mittelmeergebiet, Süddeutschland, Ukraine, Balkan, Kaukasus.
**Wuchsform:** Aufrecht, horstbildend. Zieht nach der Blüte ein.
**Blatt:** Meist 2, selten 3 Blätter, breit riemenförmig, mittelgrün, 5–20 cm lang.
**Blüte:** Gestielte, lockere Trauben mit bis zu 10 bis 4 cm breiten, dunkelblauen Sternblüten.
**Frucht:** Kugelige Kapsel.
**Wuchs-/Blütenhöhe:** 8–15 cm.
**Standort:** Sonnig bis halbschattig, humoser, durchlässiger Boden.
**Verwendung:** Steingarten und als Massenblüher unter Gehölzen und im Rasen. III–IX.
**Vermehrung:** Aussaat nach der Samenreife, Abnehmen von Tochterzwiebeln in der Ruhezeit.
**Sorte:** 'Alba' blüht weiß, 'Camea' hellrosa.
**Hinweis:** Verbreitet sich durch Selbstaussaat.

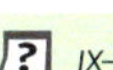 IX–XI  8 cm 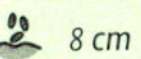  100/m²

## Scilla mischtschenkoana

*Mischtschenko-Blaustern*
*Hyacinthaceae, Hyazinthengewächse*

**Heimat:** Georgien, Armenien, Aserbeidschan.
**Wuchsform:** Aufrecht, horstbildend. Zieht im Frühsommer ein.
**Blatt:** Riemenförmig, mittelgrün, 4–10 cm lang.
**Blüte:** Trauben mit 2–6 glockigen, 2 cm breiten, silberblauen Einzelblüten mit dunkleren Streifen. II–III.
**Frucht:** Kapsel.
**Wuchs-/Blütenhöhe:** 10–15 cm.
**Standort:** Sonnig bis halbschattig, humoser, nährstoffreicher, durchlässiger Boden.
**Verwendung:** In kleinen Tuffs im Steingarten sowie am Rand von Rabatten und Gehölzen.
**Vermehrung:** Aussaat nach der Samenreife, Abnehmen von Brutzwiebeln im Spätsommer.
**Sorte:** Syn. *Scilla tubergeniana.*
**Hinweis:** Jede Zwiebel bringt 3 und mehr Blütenschäfte hervor.

 IX–XI  10 cm 35/m²

# Scilla peruviana

*Stern der Peru*
*Hyacinthaceae, Hyazinthengewächse*

**Heimat:** Portugal, Spanien, Italien, Nordafrika.
**Wuchsform:** Halbaufrecht, horstbildend, fast immergrün.
**Blatt:** Breit riemenförmig, mittelgrün, 40–60 cm lang.
**Blüte:** Kegelförmige Trauben mit 40–100 sternförmigen, 1,5 cm breiten, purpurblauen Blüten. V–VI.
**Frucht:** Kapsel.
**Wuchs-/Blütenhöhe:** 15–30 cm.
**Standort:** Sonnig bis halbschattig und geschützt, humoser, durchlässiger Boden.
**Verwendung:** Steingärten, Beete, Topfkultur.
**Vermehrung:** Aussaat nach der Samenreife, Abnehmen von Brutzwiebeln im Spätsommer.
**Sorte:** S. *peruviana* f. *alba* mit weißen Blüten.
**Hinweis:** Grundblätter entwickeln sich im Herbst und überwintern. Winterschutz erforderlich.

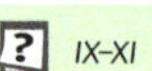  5 cm 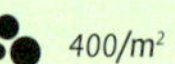

# Scilla siberica

*Sibirischer Blaustern*
*Hyacinthaceae, Hyazinthengewächse*

**Heimat:** Ukraine, Russland, Georgien.
**Wuchsform:** Aufrecht, horstbildend. Zieht nach der Blüte ein.
**Blatt:** 2–4 Blätter, breit riemenförmig, mittelgrün, 10–15 cm. Erscheinen mit den Blüten.
**Blüte:** Trauben mit 4–5 nickenden, leuchtend blauen, schüsselförmigen Einzelblüten. III–IV.
**Frucht:** Kugelige Kapsel.
**Wuchs-/Blütenhöhe:** 10–20 cm.
**Standort:** Sonnig bis halbschattig, humoser, durchlässiger, kalkhaltiger Boden.
**Verwendung:** Steingarten sowie als Massenblüher unter Gehölzen und im Rasen.
**Vermehrung:** Aussaat nach der Samenreife, Abnehmen von Tochterzwiebeln in der Ruhezeit.
**Sorte:** 'Album' mit weißen Blüten.
**Hinweis:** Die Blütentriebe wachsen während der Blütezeit weiter.

 VII–VIII 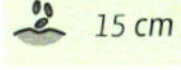 15 cm 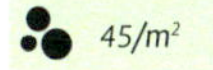 45/m²

## Sternbergia lutea

*Gelber Goldkrokus, Gewitterblume*
*Amaryllidaceae, Amaryllisgewächse*

**Heimat:** Spanien bis Afghanistan.
**Wuchsform:** Halbaufrecht, horstbildend. Zieht im Sommer ein.
**Blatt:** Schmal riemenförmig, dunkelgrün, glänzend, bis 30 cm.
**Blüte:** Einzeln stehend, kelchförmig, auf 3–4 cm hohem Schaft, 4 cm breit, dunkelgelb. IX–X.
**Frucht:** Kapsel.
**Wuchs-/Blütenhöhe:** 15 cm.
**Standort:** Sonnig, sehr gut durchlässiger, kalkhaltiger, lockerer Boden.
**Verwendung:** Sonnige Steingärten.
**Vermehrung:** Aussaat nach der Samenreife, im Sommer Abnehmen von Tochterzwiebeln.
**Sorte:** Im Handel ist nur die eigentliche Art.
**Hinweis:** Die Blätter entwickeln sich mit den Blüten. Ein zweiter Austrieb erfolgt im Frühjahr. Winterschutz erforderlich.

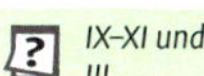 IX–XI und III  10 cm 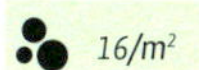 16/m²

## Trillium catesbaei

*Rosa Dreizipfellilie*
*Trilliaceae, Waldliliengewächse*

**Heimat:** Südöstliche USA.
**Wuchsform:** Aufrecht, horstbildend, mit kurzem Rhizom. Zieht nach der Blüte ein.
**Blatt:** Immer 3, fast ungestielt, eiförmig, zugespitzt, tief geädert, mittelgrün, bis 7 cm lang.
**Blüte:** Gestielt, nickend, blass dunkelrosa, mit zurückgeschlagenen, mittelgrünen Sepalen, 5 cm breit, stehen zwischen oder unter den Blättern. IV–V.
**Frucht:** Beere.
**Wuchs-/Blütenhöhe:** 50 cm.
**Standort:** Halbschattig bis schattig, frischer, humoser, kalkarmer Boden unter Gehölzen.
**Verwendung:** Einzeln oder in kleinen Gruppen.
**Vermehrung:** Teilen nach der Blüte.
**Sorte:** Auch unter den Namen *T. catesbyi*, *T. nervosum* und *T. stylosum* im Handel.
**Hinweis:** Sämlinge blühen nach 7 Jahren.

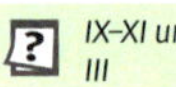 IX–XI und III

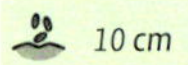 10 cm

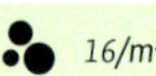 16/m²

## Trillium grandiflorum

*Große Dreizipfellilie*
*Trilliaceae, Waldliliengewächse*

**Heimat:** Östliches Nordamerika.
**Wuchsform:** Aufrecht, horstbildend, mit kurzem Rhizom. Zieht nach der Blüte ein.
**Blatt:** Immer 3, ungestielt, eiförmig, zugespitzt, dunkelgrün, bis 30 cm lang.
**Blüte:** Gestielt, aufrecht oder nach außen geneigt, becherförmig, reinweiß, bis 8 cm lang, mit schmalen, grünen Sepalen. IV–V.
**Frucht:** Beere.
**Wuchs-/Blütenhöhe:** 40 cm.
**Standort:** Halbschattig bis schattig, frischer, humoser, kalkarmer Boden.
**Verwendung:** Einzeln oder in kleinen Gruppen unter Gehölzen.
**Vermehrung:** Teilen nach der Blüte.
**Sorte:** 'Snowbunting' mit halbgefüllten, 'Roseum' mit rosafarbenen Blüten.
**Hinweis:** Art mit den prächtigsten Blüten.

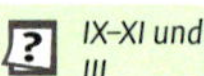 IX–XI und III

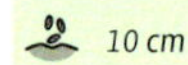 10 cm

 16/m²

## Trillium luteum

*Gelbe Dreizipfellilie*
*Trilliaceae, Waldliliengewächse*

**Heimat:** Südöstliche USA.
**Wuchsform:** Aufrecht, horstbildend, mit kurzem Rhizom. Zieht nach der Blüte ein.
**Blatt:** Eiförmig, abrupt zugespitzt, ungestielt, immer 3 zusammen, mittelgrün, blass gemustert, bis 15 cm lang.
**Blüte:** Ungestielt, gelb- bis bronzegrün; 3 aufrechte, bis 9 cm lange Petalen, 3 grüne, waagerechte Sepalen. IV–VI.
**Frucht:** Beere.
**Wuchs-/Blütenhöhe:** 40 cm.
**Standort:** Halbschattig bis schattig, frischer, humoser, kalkarmer Boden.
**Verwendung:** Einzeln oder in kleinen Gruppen unter Gehölzen.
**Vermehrung:** Teilen nach der Blüte.
**Sorte:** Im Handel ist nur die eigentliche Art.
**Hinweis:** Anfällig für Schneckenfraß.

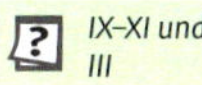 IX–XI und III

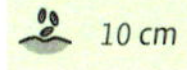 10 cm

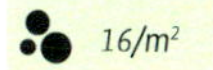 16/m²

## Trillium sessile

*Braune Dreizipfellilie*
*Trilliaceae, Waldliliengewächse*

**Heimat:** Östliches Nordamerika.
**Wuchsform:** Aufrecht, horstbildend mit kurzem Rhizom. Zieht nach der Blüte ein.
**Blatt:** Eiförmig zugespitzt, ungestielt, immer 3 zusammen, blassgrün, braun marmoriert, 12 cm lang.
**Blüte:** 3 aufrechte, braunrote, 4,5 cm lange Petalen, umgeben von 3 grünlichen Sepalen. IV–V.
**Frucht:** Rötliche Beere.
**Wuchs-/Blütenhöhe:** Bis 30 cm.
**Standort:** Halbschattig bis schattig, frischer, humoser, kalkarmer Boden.
**Verwendung:** Einzeln oder in kleinen Gruppen unter Gehölzen.
**Vermehrung:** Teilen nach der Blüte.
**Sorte:** Im Handel ist nur die eigentliche Art.
**Hinweis:** Möglichst ungestört wachsen lassen.

 IX–XI und III

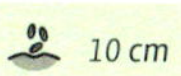 10 cm

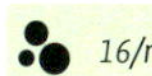 16/m²

## Trillium undulatum

*Gewellte Dreizipfellilie*
*Trilliaceae, Waldliliengewächse*

**Heimat:** Östliches Nordamerika.
**Wuchsform:** Aufrecht, horstbildend, mit kurzem Rhizom. Zieht nach der Blüte ein.
**Blatt:** Schmal eiförmig, gestielt, dunkelblaugrün, bis 15 cm lang.
**Blüte:** Gestielt, aufrecht, trichterförmig, weiß oder rosaweiß,
**Frucht:** Beere.
**Wuchs-/Blütenhöhe:** 30 cm.
**Standort:** Halbschattig bis schattig, frischer, humoser, kalkarmer Boden.
**Verwendung:** Einzeln oder in kleinen Gruppen unter Gehölzen.
**Vermehrung:** Teilen nach der Blüte.
**Sorte:** Im Handel ist nur die eigentliche Art.
**Hinweis:** Die Rhizome dürfen, wie bei allen Waldlilien, nie austrocknen.

 IX–XI 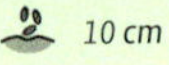 10 cm  200/m²

## Triteleia laxa

*Blaue Triteleie, Frühlingsstern*
*Alliaceae, Lauchgewächse*

**Heimat:** Westliches Nordamerika.
**Wuchsform:** Aufrecht, horstbildend. Zieht nach der Blüte ein.
**Blatt:** Schmal riemenförmig, grundständig, gekielt, 20–40 cm lang.
**Blüte:** 15 cm breite Dolden mit bis zu 25 purpurblauen, 2–5 cm breiten Sternblüten. V–VI.
**Frucht:** Kapsel.
**Wuchs-/Blütenhöhe:** 40–70 cm.
**Standort:** Sonnig, gut durchlässiger, nicht zu feuchter Boden oder in Töpfen.
**Verwendung:** Rabatten, Steingärten, Steppenbeete. Gute Schnittblume.
**Vermehrung:** Aussaat nach der Samenreife, Teilen im Sommer.
**Sorte:** 'Königin Fabiola' (Syn. 'Queen Fabiola') mit 5 cm breiten, purpurblauen Blüten.
**Hinweis:** Nur mäßig frosthart.

 IV  3–5 cm  5/m²

## Tropaeolum tuberosum

*Knollenkresse*
*Tropaeolaceae, Kapuzinerkressengewächse*

**Heimat:** Kolumbien, Ecuador, Peru, Bolivien.
**Wuchsform:** Kletternd oder überhängend.
**Blatt:** Schildförmig, 3- bis 6-lappig, graugrün, 5 cm lang.
**Blüte:** Becherförmig, lang gespornt, 3–4 cm lang, orangegelb. VI–X.
**Frucht:** Spaltfrucht, die in 3 Nüsschen zerfällt.
**Wuchs-/Blütenhöhe:** 200–400 cm.
**Standort:** Sonnig, nährstoffreicher, humoser, durchlässiger, nicht zu trockener Boden.
**Verwendung:** In Beeten als Bodendecker, an Rankgerüsten sowie in Töpfen oder Ampeln.
**Vermehrung:** Aussaat im zeitigen Frühjahr unter Glas, Teilen im Frühjahr oder Herbst.
**Sorte:** 'Ken Aslet' mit orangefarbenen Blüten.
**Hinweis:** Nicht frosthart. Knollen im Herbst ausgraben und frostfrei in Sand überwintern.

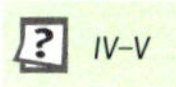 IV–V  5–10 cm  7/m²

## Tulbaghia violacea

*Knoblauchs-Kaplilie*
*Alliaceae, Lauchgewächse*

**Heimat:** Südafrika.
**Wuchsform:** Aufrecht bis überhängend, horstbildend.
**Blatt:** Schmal riemenförmig, grasartig, graugrün, bis 30 cm lang.
**Blüte:** Dolden mit 2 cm breiten, hellvioletten, duftenden, sternförmigen Trichterblüten. VI–X.
**Frucht:** Kapsel.
**Wuchs-/Blütenhöhe:** 30–50 cm.
**Standort:** Sonnig bis halbschattig, gut durchlässiges Substrat oder im Topf.
**Verwendung:** Steingärten, Rabatten, Kübel.
**Vermehrung:** Aussaat nach der Samenreife unter Glas, Teilen im Frühjahr.
**Sorte:** 'Silver Lace' mit panaschiertem Laub.
**Hinweis:** Die Blätter sind essbar und schmecken nach Knoblauch. Hell und frostfrei überwintert ist die Pflanze immergrün.

 IX–XI  10 cm  100/m²

## Tulipa acuminata

*Horntulpe*
*Liliaceae, Liliengewächse*

**Heimat:** Unbekannt, wahrscheinlich Kleinasien.
**Wuchsform:** Aufrecht, horstbildend. Zieht nach der Samenreife ein.
**Blatt:** Schmal riemenförmig, manchmal wellig, graugrün bereift, bis 30 cm.
**Blüte:** Einzeln stehend, 10 cm lang mit langen, roten, spitzen, gedrehten, am Grund gelben, gerundeten Blütenblättern. IV–V.
**Frucht:** Kapsel.
**Wuchs-/Blütenhöhe:** 20–40 cm.
**Standort:** Sonnig, gut durchlässiger Boden.
**Verwendung:** Steingärten und Staudenbeete.
**Vermehrung:** Aussaat nach der Samenreife, Brutzwiebeln in der Ruhezeit abnehmen.
**Sorte:** Wird neuerdings unter dem Namen *T. gesneriana* geführt.
**Hinweis:** Die wohl bizarrste Blütenform unter den Tulpen.

 IX–XI 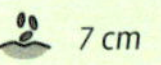 7 cm  100/m²

## Tulipa clusiana

*Damen-Tulpe*
*Liliaceae, Liliengewächse*

**Heimat:** Iran bis Himalaja.
**Wuchsform:** Aufrecht, horstbildend.
**Blatt:** Schmal riemenförmig, gefaltet, gewellt, blaugrün, bereift, bis 15 cm lang.
**Blüte:** Pro Stiel 1–2 schüsselförmige, 10 cm breite Blüten, innen rahmweiß, außen dunkelrosa gestreift. IV.
**Frucht:** Kapsel.
**Wuchs-/Blütenhöhe:** 20–30 cm.
**Standort:** Sonnig, sehr gut durchlässiger, nährstoffreicher Boden.
**Verwendung:** Stein- und Kiesgärten.
**Vermehrung:** Aussaat nach der Samenreife, Brutzwiebeln in der Ruhezeit abnehmen.
**Sorte:** 'Cynthia' hat cremegelbe Blüten mit purpurner Mitte, außen karmesinrot.
**Hinweis:** Formenreiche Art mit vielen Varietäten. Duftend.

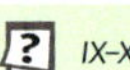 IX–XI  10–15 cm 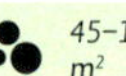 45–100/m²

## Tulipa-Sorten

*Tulpen–Hybriden*
*Liliaceae, Liliengewächse*

**Heimat:** Gärtnerischer Herkunft.
**Wuchsform:** Aufrecht bis überhängend, horstbildend. Zieht im Sommer ein.
**Blatt:** Meist breit riemenförmig, blaugrau, bereift, bis 50 cm lang.
**Blüte:** Einfach, halbgefüllt oder gefüllt, ein- oder zweifarbig in Weiß, Gelb-, Orange- und Rottönen. IV–V.
**Frucht:** Fleischige Kapsel.
**Wuchs-/Blütenhöhe:** 25–60 cm.
**Standort:** Sonnig, durchlässiger Boden.
**Verwendung:** Beete, Rabatten, kleine Sorten im Steingarten, Topfkultur.
**Vermehrung:** Nur durch Abnehmen von Brutzwiebeln in der Ruhezeit.
**Sorte:** Sehr variationsreiches Sortenspektrum, in 15 Sortengruppen oder Klassen aufgeteilt.
**Hinweis:** Samenkapseln früh auskneifen.

 IX–XI  12 cm  45/m²

## Tulipa humilis

*Niedrige Wildtulpe*
*Liliaceae, Liliengewächse*

**Heimat:** Türkei, Nordirak und Nordiran.
**Wuchsform:** Aufrecht bis ausgebreitet, horstbildend. Zieht nach der Samenreife ein.
**Blatt:** Schmal riemenförmig, rinnig, graugrün, bereift, bis 15 cm lang.
**Blüte:** Meist einzeln stehend, sternformig, bis 7 cm breit, purpurrosa mit gelbem Herz. IV.
**Frucht:** Kapsel.
**Wuchs-/Blütenhöhe:** 10–15 cm.
**Standort:** Sonnig, sehr gut durchlässiger, nährstoffreicher Boden.
**Verwendung:** Stein- und Kiesgärten, auch für die Topfkultur.
**Vermehrung:** Aussaat nach der Samenreife, Brutzwiebeln in der Ruhezeit abnehmen.
**Sorte:** 'Persian Pearl' blüht purpurrosa mit gelbem Herz, 'Alba' weiß mit blauer Mitte.
**Hinweis:** Variable Art mit vielen Sorten.

 IX–XI  12 cm 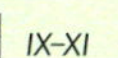  80/m²

## Tulipa praestans

*Mehrblütige Tulpe*
*Liliaceae, Liliengewächse*

**Heimat:** Kasachstan, Tadschikistan.
**Wuchsform:** Aufrecht, horstbildend.
**Blatt:** Breit schwertförmig, gekielt, flaumig behaart, graugrün, bis 20 cm lang.
**Blüte:** Pro Stiel bis zu 5 schüsselförmige, 10–12 cm breite, orangerote Blüten. III–IV.
**Frucht:** Kapsel.
**Wuchs-/Blütenhöhe:** 30 cm.
**Standort:** Sonnig, gut durchlässiger, nährstoffreicher Boden.
**Verwendung:** Beete und Rabatten, auch für die Topfkultur.
**Vermehrung:** Aussaat nach der Samenreife, Brutzwiebeln in der Ruhezeit abnehmen.
**Sorte:** 'Füsilier' mit scharlachrot bis orangefarbenen Blüten, 'Unicum' orangerot, mit weiß gestreiftem Laub.
**Hinweis:** Leicht zu kultivieren.

 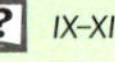 IX–XI |  12 cm |  45/m²

## Tulipa saxatalis

*Kretische Tulpe*
*Liliaceae, Liliengewächse*

**Heimat:** Kreta, Rhodos, Westtürkei.
**Wuchsform:** Aufrecht bis überhängend, horstbildend.
**Blatt:** 2–3 Blätter. Schwertförmig, glänzend mittelgrün, bis 30 cm lang.
**Blüte:** Pro Stiel bis zu 4 sternförmigen, blassrosa Blüten mit gelber Mitte, 6–8 cm breit. III–V.
**Frucht:** Kapsel.
**Wuchs-/Blütenhöhe:** 20–30 cm.
**Standort:** Sonnig, gut durchlässiger Boden.
**Verwendung:** Stein- und Kiesgärten, im Vordergrund von Beeten und Rabatten.
**Vermehrung:** Aussaat nach der Samenreife, Brutzwiebeln in der Ruhezeit abnehmen.
**Sorte:** 'Lilac Wonder' ist eine Selektion mit lilarosa Blüten, die auch unter dem Namen *T. bakeri* 'Lilac Wonder' im Handel ist.
**Hinweis:** Zum Verwildern geeignet.

 IX–XI |  12 cm | 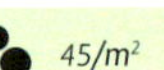 45/m²

## Tulipa sprengeri

*Sprengers Tulpe*
*Liliaceae, Liliengewächse*

**Heimat:** Türkei.
**Wuchsform:** Aufrecht bis überhängend, horstbildend.
**Blatt:** Schwertförmig, mittelgrün, bis 25 cm lang.
**Blüte:** Einzeln stehend, pokalförmig, rot bis orangerot mit gelber Basis und roten Staubfäden, V–VI.
**Frucht:** Kapsel.
**Wuchs-/Blütenhöhe:** 50 cm.
**Standort:** Sonnig, gut durchlässiger, nährstoffreicher Boden.
**Verwendung:** Beete und Rabatten.
**Vermehrung:** Aussaat nach der Samenreife, Brutzwiebeln in der Ruhezeit abnehmen.
**Sorte:** Im Handel ist nur die eigentliche Art.
**Hinweis:** Eine der am spätesten blühenden Tulpen. Am Naturstandort ausgerottet.

 IX–XI 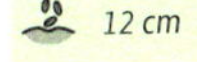 12 cm 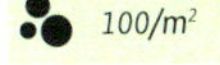 100/m²

## Tulipa sylvestris

*Wilde Tulpe, Weinberg-Tulpe*
*Liliaceae, Liliengewächse*

**Heimat:** Europa und von Nordafrika bis zum Mittleren Osten und Russland.
**Wuchsform:** Aufrecht bis überhängend, horstbildend.
**Blatt:** Schmal riemenförmig, hellgrün, bereift, bis 20 cm lang.
**Blüte:** Zunächst hängend, später aufrecht, sternförmig, gelb, 6–8 cm breit. Duftend. IV–V.
**Frucht:** Kapsel.
**Wuchs-/Blütenhöhe:** 45 cm.
**Standort:** Sonnig, gut durchlässiger Boden.
**Verwendung:** Stein- und Kiesgärten und zum Verwildern vor lichten Gehölzgruppen.
**Vermehrung:** Aussaat nach der Samenreife, Brutzwiebeln in der Ruhezeit abnehmen.
**Sorte:** Auch unter den Namen *T. sylvestris florentina odorata* und *T. australis* im Handel.
**Hinweis:** Verbreitet sich durch Selbstaussaat.

 IX–XI 7 cm  45/m²

## Tulipa tarda

*Späte Wild-Tulpe*
*Liliaceae, Liliengewächse*

**Heimat:** Zentralasien, Tien-Shan-Gebirge.
**Wuchsform:** Aufrecht bis ausgebreitet, horstbildend. Zieht nach der Blüte ein.
**Blatt:** Riemenförmig, in Rosetten angeordnet, bläulich grün, bis 12 cm lang.
**Blüte:** Mehrblütig, sternförmig, bis 6 cm breit, weiß mit gelber Mitte. IV.
**Frucht:** Kapsel.
**Wuchs-/Blütenhöhe:** 15 cm.
**Standort:** Sonnig, mäßig nährstoffreicher, durchlässiger Boden.
**Verwendung:** Stein- und Steppengärten.
**Vermehrung:** Aussaat nach der Samenreife. Brutzwiebeln in der Ruhephase abnehmen.
**Sorte:** 'Dasystemon' ist eine verbesserte Selektion.
**Hinweis:** Sämlinge blühen erst nach etwa 7 Jahren.

 IX–XI

 12 cm

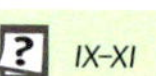 100/m²

## Tulipa turkestanica

*Gnomentulpe, Turkestanische Tulpe*
*Liliaceae, Liliengewächse*

**Heimat:** Kasachstan, Tadschikistan, Nordwestchina.
**Wuchsform:** Aufrecht bis überhängend, horstbildend.
**Blatt:** Schmal riemenförmig, mattblaugrün, bis 15 cm lang.
**Blüte:** Pro Stiel 8–12 Blüten. Sternförmig, 3–5 cm breit, weiß mit gelber Mitte, außen graurosa überhaucht. III–IV.
**Frucht:** Kapsel.
**Wuchs-/Blütenhöhe:** 30 cm.
**Standort:** Sonnig, gut durchlässiger, nährstoffreicher Boden.
**Verwendung:** Stein- und Kiesgärten.
**Vermehrung:** Aussaat nach der Samenreife, Brutzwiebeln in der Ruhezeit abnehmen.
**Sorte:** Im Handel ist nur die eigentliche Art.
**Hinweis:** Verbreitet sich durch Selbstaussaat.

IX–XI

 7 cm

 45/m2

## Tulipa wilsoniana

*Wilsons Tulpe*
*Liliaceae, Liliengewächse*

**Heimat:** Turkmenistan, Nordiran.
**Wuchsform:** Aufrecht, horstbildend. Zieht nach der Blüte ein.
**Blatt:** Schmal schwertförmig, blaugrün, gewellt, bis 15 cm lang.
**Blüte:** Einzeln stehend, schüsselförmig, tiefes, warmes Rot, 8 cm lang. V.
**Frucht:** Fleischige Kapsel.
**Wuchs-/Blütenhöhe:** 15–20 cm.
**Standort:** Sonnig, gut durchlässiger, mäßig nährstoffreicher Boden.
**Verwendung:** In kleinen Tuffs in Steingärten und Alpinum. Auch für die Topfkultur.
**Vermehrung:** Aussaat nach der Samenreife, Brutzwiebeln im Sommer abnehmen.
**Sorte:** Syn. *T. montana*.
**Hinweis:** Zuverlässige, robuste, kleine Tulpe, auch zum Verwildern geeignet.

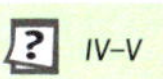 IV–V  5 cm 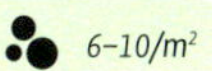 6–10/m²

## Uvularia grandiflora

*Hänge-Goldglocke*
*Colchicaceae, Zeitlosengewächse*

**Heimat:** Östliches Nordamerika.
**Wuchsform:** Überhängend, rhizombildend.
**Blatt:** Eilanzettförmig, stängelumschließend, unterseits behaart, mittelgrün, bis 13 cm lang.
**Blüte:** Einzeln oder paarig, hängend, schmal glockig mit leicht verdrehten Blütenblättern, 5 cm lang, gelb. IV–V.
**Frucht:** Kapsel.
**Wuchs-/Blütenhöhe:** Bis 70 cm.
**Standort:** Halbschattig in feuchtem, durchlässigem, kalkarmem Boden.
**Verwendung:** In kleinen Tuffs im Steingarten und am Gehölzrand.
**Vermehrung:** Teilen im zeitigen Frühjahr, Aussaat im Herbst (Kaltkeimer).
**Sorte:** 'Pallida' hat blasse, gelbe Blüten.
**Hinweis:** In der Heimat immergrün. Rhizome im Topf frostfrei, kühl und feucht überwintern.

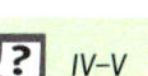 IV–V  15 cm  6/m²

## Zantedeschia aethiopica

*Kalla*
*Araceae, Aronstabgewächse*

**Heimat:** Südafrika, Leshoto.
**Wuchsform:** Aufrecht, horstbildend. Zieht im Herbst ein. Nicht frosthart.
**Blatt:** Wechselständig, pfeilförmig, lang gestielt, glänzend hellgrün, bis 40 cm lang.
**Blüte:** Trichterförmiges, weißes Hochblatt (Spatha) mit gelbem Kolben, 15 cm lang. VI–IX.
**Frucht:** Kolben mit Beeren.
**Wuchs-/Blütenhöhe:** Bis 80 cm.
**Standort:** Sonnig, lehmig humoser, feuchter, kalkarmer Boden oder im Topf.
**Verwendung:** Teichränder, Topfkultur.
**Vermehrung:** Teilen der Rhizome im Frühjahr.
**Sorte:** 'Crowborough' mit großen Blüten und dunklem Laub, 90 cm hoch, 'Perle von Stuttgart' wird 50 cm hoch.
**Hinweis:** In der Heimat immergrün. Rhizome im Topf. Frostfrei, kühl und feucht überwintern.

# Service

Was ist wann zu tun, damit sich Zwiebel- und Knollenpflanzen in Ihrem Garten wohlfühlen? Der Jahreskalender auf den folgenden Seiten gibt Ihnen wertvolle Hinweise. Außerdem finden Sie Tipps, wo Sie die pflanzlichen Schönheiten für Ihre Beete erwerben können.

## Arbeitskalender für Zwiebel- und Knollenpflanzen

Damit Sie lange Freude mit Zwiebel- und Knollenpflanzen haben, sollten Sie nicht nur auf die richtige Auswahl der Arten und Sorten achten. Genauso wichtig ist die richtige Pflege im Jahreslauf.

Je nach Region und Klima können sich die im Arbeitskalender angegebenen Zeiten für die jeweiligen Pflegearbeiten etwas verschieben. So sind die Tulpen in der Rheinebene und an der Bergstraße oft schon verblüht, während sie in hohen Lagen der Mittelgebirge und im Voralpenland noch kaum die Knospen erkennen lassen. In der Regel ist ab Mitte Mai nicht mehr mit Nachtfrösten zu rechnen. In milden Regionen können empfindliche Zwiebel- und Knollenpflanzen wie Dahlien oder Westindisches Blumenrohr jedoch oft schon ab Mitte April ins Freie, während sie in rauen Lagen manchmal noch im Juni vor Spätfrösten geschützt werden müssen.

### Frühling

Wählen Sie die schönsten Sorten von im Sommer und Herbst blühenden Arten aus. Achten Sie beim Kauf darauf, dass die Zwiebeln frisch und Knollen

*Großzügig mit Tulpen bepflanzte Rabatte unter blühender Zierkirsche.*

nicht überlagert sind. Sie sollten sich noch fest anfühlen.

In Töpfen gepflanzte Arten wie Dahlien, Begonien und Blumenrohr können ab Anfang/Mitte April wärmer gestellt werden. Wenn sich die Blätter entwickeln, müssen sie öfter gegossen werden.

In milden Regionen können ab Mitte/Ende April frostempfindliche Sommer- und Herbstblüher wie Gladiolen, Garten-Anemonen, Knollenkresse und Kalla ins Freiland gepflanzt werden. Vorgetriebene Arten wie Dahlien, Begonien und Blumenrohr können in milden Regionen ab Anfang Mai ins Freiland gepflanzt werden. Geben Sie gleich beim Pflanzen Langzeitdünger ins Pflanzloch. Schneeglöckchen, Märzenbecher und Winterlinge können so lange verpflanzt werden, wie das Laub noch grün ist.

Königs-Lilien und Tiger-Lilien können Sie bis Mai pflanzen. Lassen Sie das Laub verblühter Arten so lange stehen, bis es vergilbt. Mit Zwiebelpflanzen durchsetzte Rasenflächen sollten erst sechs Wochen nach der Blüte abgemäht werden, damit die Zwiebeln Kraft für das nächste Jahr sammeln können.

Gießen Sie Zwiebeln und Knollen in Töpfen und Kübeln regelmäßig. Ins Beet gepflanzte Arten nur bei anhaltender Trockenheit wässern. Verabreichen Sie Dünger während der Blütezeit oder direkt danach. So werden die Speicherorgane (Zwiebeln und Knollen) mit Nährstoffen für die nächste Saison versorgt.

Sammeln Sie bei Samenreife die Samen von Winterlingen, Traubenhyazinthen, Schneeglanz und Blaustern. Am besten keimen die Samen, wenn sie sofort wieder ausgesät werden. Ab Mitte März können Sie Arten wie Zierlauch, Präriekerze und Anemonen aussäen.

Entfernen Sie regelmäßig Verblühtes, sofern Sie keine Samen gewinnen wollen. Samenbildung schwächt die Speicherorgane.

Teilen Sie Arten wie Blumenrohr, Hakenlilie, Montbretie, Frauenschuh, Dahlie, Fackellilie, Prachtscharte, Sauerklee, Knollenkresse, Kaplilie und Kalla vor dem Auspflanzen. Nehmen Sie Brutzwiebeln von Arten wie Schopflilie und Sommerhyazinthe ab.

*Frühlingsgefühle pur: Beet mit Narzissen und Tulpen.*

Achten Sie auf Nacktschnecken, die es auf Laub und Blüten abgesehen haben. Sammeln Sie die Schnecken täglich ab oder streuen Sie Schneckenkorn.

## Sommer

Am Sommeranfang ist die letzte Gelegenheit, im Herbst blühende Arten wie Gladiolen zu kaufen und einzupflanzen. Sie blühen etwa vier Wochen später als im Frühjahr gepflanzte Exemplare.

Achten Sie auf Nacktschnecken, die es jetzt besonders auf Dahlien abgesehen haben.

Ernten und trocknen Sie Blütenstände von Zierlauch für die Trockenfloristik.

Graben Sie Tulpen- und Narzissenzwiebeln aus, wenn das Laub verwelkt ist. Nach dem Ausgraben trocknen, säubern, beschriften und getrennt nach Sorten trocken, dunkel und vor Mäusen geschützt bis zum Herbst lagern.

Teilen Sie die Rhizome von Bart-Iris unmittelbar nach der Blüte, um so die Pflanzen zu verjüngen. Teilen Sie Arten wie Anemone, Präriekerzen, Schneeglanz, Zeitlose, Maiglöckchen, Lerchensporn, Krokus-Arten, Hasenglöckchen, Hyazinthen, Traubenhyazinthen und Dreizipfellilien in der sommerlichen Ruhephase der Pflanzen.

Nehmen Sie Tochterzwiebeln von Lilien, Narzissen, Milchstern, Blaustern, Tulpen und Fritillarien ab.

Pflanzen Sie ab Ende Juli/Anfang August *Fritillaria*-Arten, Herbst-Zeitlose, Herbstkrokusse, Madonnenlilie und Gold-Krokus.

Gießen Sie bei Trockenheit Begonien, Dahlien und Blumenrohr gründlich. Wenn sich erste Blütenknospen zeigen, regelmäßig mit einem flüssigen Volldünger versorgen.

Entfernen Sie Verblühtes bei Begonien, Blumenrohr und Dahlien regelmäßig, um eine Nachblüte anzuregen. Bei Gladiolen und Lilien sollten Sie Verblühtes entfernen, damit die Nährstoffe in die Speicherorgane und nicht in die Samenproduktion geleitet werden.

## Herbst

Zwischen September und November ist Hauptpflanzzeit für die meisten Blumenzwiebeln, darunter Tulpen, Narzissen, Krokusse und die meisten Lilien-Arten. Wählen Sie rechtzeitig aus dem vielfältigen Angebot der Händler aus und bestellen Sie nicht zu spät, denn viele beliebte Sorten sind rasch ausverkauft.

Pflanzen Sie die im Frühsommer ausgegrabenen Tulpen- und Narzissenzwiebeln wieder ein.

Pflanzen Sie frostempfindliche Arten wie Knoblauchs-Kaplilie, Feuerwerksblume, Schopflilien und Hakenlilie in Töpfe, die sie den Winter über frostfrei unterstellen.

Säen Sie Arten wie Aronstab, Bellevalie und Frühlings-Lichtblume im Herbst unter Glas aus. Teilen Sie Arten wie Zierlauch und Knollenkresse.

Vor den ersten Nachtfrösten müssen empfindliche Arten wie Begonie, Gladiole, Schopflilie, Wunderblume und Blumenrohr ausgegraben werden, Dahlien können Sie nach den ersten schwachen Frösten ausgraben. Die Zwiebeln und Knollen trocknen lassen, säubern, beschriften und nach Sorten getrennt an einem frostfreien Ort bis zum Frühjahr lagern.

Bereiten Sie den Winterschutz für im Garten gepflanzte, empfindliche Arten vor: Halten Sie trockenes Herbstlaub, Stroh, Vlies, Noppenfolie und Jutesäcke bereit, damit sie rechtzeitig zur Hand sind.

### Winter

Mäßig frostharte, im Garten ausgepflanzte Arten müssen vor Wintereinbruch mit einem Winterschutz versehen werden. Eine dicke Lage trockenen Herbstlaubs und ein darüber gebreitetes Vlies gegen Nässe genügt in der Regel. Fixieren Sie das Vlies mit Steinen oder Haken, damit es nicht weggeweht wird.

Draußen überwinternde Kübel können Sie mit Stroh oder Noppenfolie umwickeln und so vor strengen Frösten schützen. Achtung: Nicht luftdicht verpacken, sonst faulen die Zwiebeln und Knollen! Dennoch darf die Erde in den Pflanzgefäßen nicht ganz austrocknen.

Blättern Sie jetzt in Katalogen von Blumenzwiebelhändlern und Staudengärtnereien, wählen Sie die schönsten im Sommer und Herbst blühenden Arten und Sorten von Dahlien, Lilien, Gladiolen und Begonien aus und bestellen Sie rechtzeitig. Jetzt ist die Auswahl noch am größten.

Kontrollieren Sie gelagerte Zwiebeln und Knollen wie Dahlien, Gladiolen und Blumenrohr regelmäßig auf Schädlingsbefall, Schimmel und Fäulnis. Befallene Exemplare müssen umgehend vernichtet werden.

Topfen Sie im Spätwinter (Anfang/Mitte März) im Sommer blühende Arten wie Dahlien, Blumenrohr und Begonien ein und stellen Sie sie an einem kühlen, hellen Ort auf. Sobald sich die ersten Blätter zeigen, öfter gießen.

Schneeglöckchen und Märzenbecher können gleich nach der Blüte geteilt und neu gepflanzt werden.

# Bezugsquellen

Staudengärtnerei Dieter Gaißmayer
(auch Versand von Blumenzwiebeln)
Jungviehweide 3
89257 Illertissen
www.gaissmayer.de

Horst Gewiehs
Blumenzwiebel-Großhandel
Italienischer Weg 1
37287 Wehretal
www.gewiehs-blumenzwiebeln.de

Albrecht Hoch
Potsdamer Str. 40
14163 Berlin
www.albrechthoch.de

Küpper Blumenzwiebeln & Saaten
Blumenzwiebel-Großhandel
Hessenring 22
37269 Eschwege
www.kuepper-bulbs.de

Bernd Schober
Blumenzwiebelversand
Stätzlinger Str. 94 a
86165 Augsburg
www.der-blumenzwiebelversand.de

Staudenkulturen Stade
Beckenstrang 24
46325 Borken-Marbeck
www.stauden-stade.de

Stefan Strasser
Lilienkulturen, Pflanzenraritäten
Am Europakanal 40
91056 Erlangen
www.lilien-strasser.de

Albert Treppens
Blumenzwiebeln, Saatgut, Dünge- und Pflanzenschutzmittel
Berliner Straße 84
14169 Berlin-Zehlendorf
www.treppens.de

Staudengärtnerei Gräfin von Zeppelin
Iriskulturen
Weinstraße 2
79295 Sulzburg-Laufen
www.graefin-von-zeppelin.de

# Bildquellen

Alle Fotos im Innenteil vom Autor, außer:
Albrecht Hoch OHG: S. 16 re., 23 re., 24 li., 28 re., 29 re., 30 li., 31 li., 34 li., 37 li., 38 re., 46 li., 49 re., 53 li., 57 li., 58 re., 59 li., 61 li., 62 re., 66 li., 73 re., 75 re., 81 li., 89 re., 92 re., 93 li., 105 re., 107 re., 110 re., 112 re.
Bernd Schober: S. 40 li., 67 li., 84 re.
Blickwinkel/J. Flohe: S. 45 li.
botanikfoto/Steffen Hauser: S. 20 re., 21 li., 77 re., 103 li.
Daniel Fuhr - Fotolia.com: S. 64 re.
Flora Press/Christine Ann Föll: S. 12
Flora Press/Flowerphotos/Carol Sharp: Titelbild oben
Flora Press/FocusOnGarden.de/Luckner: S. 7
Flora Press/Royal Horticultural Society: S. 13
Flora Press/Visions: S. 9
Haberer, Martin: S. 18 re., 19 re., 21 re., 28 li., 35 re., 36 re., 38 re., 50 li., 57 re., 71 beide, 72 beide, 81 re., 82 li., 86 li., 99 li., 105 li.
Horst Gewiehs GmbH: S. 70 li., 84 li., 93 re.
jadimages/Shutterstock.com: S. 103 re.
mauritius images: Titelbild unten, S. 22 li., 23 li., 31 re., 32 re., 36 li., 40 re., 41 li., 42 re., 43 li., 47 li., 49 li., 51 beide, 52 beide, 53 re., 55 beide, 58 li., 60 re., 62 li., 63 li., 64 li., 65 li., 67 re., 68 li., 77 li., 78 li., 80 re., 82 re., 83 re., 85 re., 94 re., 96 li., 98 li., 102 li., 104 beide, 106 li., 107 li., 109 li.
Morell, Bernd: S. 34 re., 35 li., 46 re., 50 re., 79 beide, 86 re., 92 li., 94 li., 95 li.
Reinhard, Nils: S. 85 li.
Staudengärtnerei Dieter Gaißmayer: S. 74 li., 99 re.
Staudenkulturen Stade: S. 16 li., 19 li., 39 re., 60 li.
Sue Robinson/Shutterstock.com: S. 24 re.
Valenta, Marion: S. 2/3, 114/115, 116, 117
Volmary GmbH: S. 91 re.
Wendebourg, Tjards: S. 17 re., 18 li., 27 li., 33 beide, 41 re., 42 li., 43 re., 44 re., 45 re., 48 li., 54 li., 56 re., 61 re., 63 re., 69 re., 83 li., 88 li., 101 li., 102 re., 109 re., 110 li., 111 li.

Die Icons der Pflanzenporträts fertigte Stefan Dehmel, Stuttgart.

# Register

Die in diesem Buch enthaltenen Empfehlungen und Angaben sind vom Autor mit größter Sorgfalt zusammengestellt und geprüft worden. Eine Garantie für die Richtigkeit der Angaben kann aber nicht gegeben werden. Autor und Verlag übernehmen keinerlei Haftung für Schäden und Unfälle.

**Bibliografische Information der Deutschen Nationalbibliothek**
Die Deutsche Nationalbibliothek verzeichnet diese Publikation in der Deutschen Nationalbibliografie; detaillierte bibliografische Daten sind im Internet über http://dnb.d-nb.de abrufbar.


Wollgrasweg 41, 70599 Stuttgart (Hohenheim)
E-Mail: info@ulmer.de
Internet: www.ulmer.de
Lektorat: Marion Valenta, Doris Kowalzik
Herstellung: Gabriele Wieczorek
Umschlagentwurf: Atelier Reichert, Stuttgart
Satz: pagina, Tübingen
Druck und Bindung: Firmengruppe APPL, aprinta druck, Wemding
Printed in Germany

**ISBN 978-3-8001-8065-3**